あたらしい暮らしを作る。

部屋づくり、働き方、
時間術、お金、心と身体。
わたしらしい、これからの生活習慣

竹村 真奈
編著

SE
SHOEISHA

INTRODUCTION

何気ない日常の中にどれだけの平和と幸せがあったのだろうと考えさせられる昨今。当たり前だったことが当たり前ではなくなり、本当に大事なことについて考えさせられた人も、新しい何かを発見した人もいるのではないかと思います。環境や年齢、ライフステージの変化など、暮らしを変えたいと思うきっかけは人それぞれ。暮らしの問題点がはっきりしている人もいれば、漠然とした現状への違和感や将来の不安や焦りなどのモヤモヤを抱えている人もたくさんいます。そんなモヤモヤを晴らすためにわたしたちは何をすればいいのでしょうか。

コロナによる自粛期間中、断捨離にハマる人が続出というニュースをたびたび目にしました（ゴミ回収業者の方が大変だったというお話も……）。これまでモノを手放すことができなかった人が「長い時間を過ごす空間を快適にしたい」という思いや暇つぶしから断捨離にハマる。しかも楽しみながら！　思いもよらないことが起きると、思いもよらないことができちゃうんだと知りました。毎日は「選択」の繰り返し。何を着る、どこへ行く、何を食べる、何を観る。それだけでも頭の中はいっぱいいっぱい。モノを手放すと減らした分だけ、選択する手間が減るので頭の中に余白ができます。余白が生まれれば、頭の中がスッキリしていきます。頭の中がスッキリすると心と体が整います。

また、自宅でのリモートワークが増えて、座り心地のいいデスクチェアーを新調したり、パソコン環境を見直したり、遠方に暮らす両親とオンラインでつながったり。通勤手段を電車から自転車に変えた人も増えましたよね。新しい暮らしに順応することは容易ではないけれど、心地よさを求めて、新しい習慣を取り入れたり、あれこれ工夫するのは意外と楽しいものです。

新しい暮らしを作っていくということは、5年後10年後、そのずっと先まで、これからの時代を自分らしく生き抜くために、現状を見つめ直し、不安やモヤモヤを解消して理想の暮らしを手に入れるということ。そこで本書では、「心」「住空間」「そうじ」「食」「体」「美容」「働き方とお金」といった女性にとって欠かせない7つのテーマごとに、今をときめく注目度満点のプロフェッショナルな先生方に新しくはじめた習慣と逆にやめたことについてお話を伺いました。これからの暮らしと人生を見直すきっかけとなりますように。

竹村真奈

もくじ

104 CHAPTER 5 体を整える

126 CHAPTER 6 自信が持てる美容習慣

148 CHAPTER 7
働き方とお金を見直す

CHAPTER 1

心を鍛える

毎日忙しすぎて余裕がない、こどもがいるから時間が足りない、家事に追われてそれどころじゃない、そもそもやる気が起きない。そうして何かをいいわけに何かを諦めてしまうことがあります。では、そのいいわけから解放されたとして、その時間で何をしたいですか？

何がやりたいのか、何が問題なのか、今自分がやるべきことさえもわからない状態が続くと心身ともに疲れてしまい、仕事や家事の効率も下がって当然。気づけば周囲の目ばかり気にして、自分自身と向き合っていなかったなんてことも。

早起きして朝日を浴びながら深呼吸をして、ゆっくり朝食をとって、ちょっと早めに家を出て仕事場へ行く。今日やるべきことをチェックしたらコーヒーを飲んでひと息ついて、ひとつひとつタスクをこなしていく。休日には自分時間を作って好きなだけぐうたらして。自分にとって心地よい生活のリズムを作って、心を整えていくと「ああ、生きてる！」と実感できるはず。ここでは、女性ホルモンの悩みに働きかけるセラピーを考案されてきた女性ホルモンバランスプランナー®の烏山ますみ先生にお話を聞いていきます。

CHAPTER 1 —— INTERVIEW

女性ホルモンバランスプランナー®
烏山ますみ先生に聞く

心の鍛え方

年代によって イライラの原因に違いがある

世の女性が抱える心の不調には、どんなものがあるのでしょうか。「代表格はイライラですね」と、烏山ますみ先生は即答します。ただ、イライラの原因などには年齢によって違いがあるそう。

「結婚や転職といったライフイベントを迎える時期でもある30代前半くらいまでは、焦りがイライラの原因であることが多いですね。30代後半以降になると、忙しさからくる神経の高ぶりによってイライラすることが増えてきます。40代後半からは、イライラに加えて『人に会いたくない』『落ち込んだ気分が続く』など、気力が低下するケースも増えてきます」

30代後半から女性ホルモンの分泌量が低下するといわれますが、それだけが不調の原因となることは少ないそうです。社会的・環境的な要因が加わることで、心への影響が出てくるのだとか。仕事、育児、介護、人間関係……。確かに、要因となりそうな例を挙げればきりがなく、どれも生活と切り離せないものばかりです。

「『あなたと同じように、たくさんの方がイライラしていますよ』とお話しすると、『わたしだけじゃないんだ』と安心される方がすごく多いです。『こんなことでイライラしてしまう自分はダメだ』と思うと、どんどん自分を責めてしまうので、まずは当たり前のことだと受け入れることが大事ですよね」

メールにそのときの心の状態が表れる!?

では、心が乱れてきたことを知らせるサインはあるのでしょうか。

「まず、『時間に遅れる』ようになります。やるべきことが多くて、余裕がなくなっている状態です。『メールのやりとりがスムーズにいかない』も、ひとつの目安。伝えたいことがきちんと相手に伝わらなかったり、伝え忘れたりするのは、メールに集中できていないからです。メールには、心の状態が表れやすいですね。あとは、『ムダな動きが多い』『忘れ物が増える』といった状況も、心が落ちついていないサインです」

加えて、自己否定感が強い人や、理想像が高すぎる人も、心が乱れやすい傾向にあるので要注意。SNSなどを見て他人と自分を比べてしまい、「この人はすごく素敵な毎日を送っている」「あの人もそう」と思い、「なのに、わたしは……」と自己嫌悪に陥ってしまうそう。

そうした状況を避けるために烏山先生は、「自分を褒める」という方法をおすすめします。

「『朝起きられたからエライ』『遅刻せずに会社に行けてすごい』など、些細なことでいいんです。最初のうちは、馬鹿らしいと思うかもしれませんが、3日もすると『ここは力を入れなくてよさそう』『これは自分には向いてないかも』と自分の得手不得手などが整理できて、次第に他人と張り合う必要はないと思えるようになります」

ダメな自分やマイナスの感情も認めてあげる

　心を乱す大きな原因は〝時間〟にもあると、鳥山先生はいいます。

「こども、親、仕事など、人のために費やす時間が増えていくにつれ、心のバランスが保てなくなるケースが多いですね。心が乱れてきたなと感じたら、自分にとって心地いい時間を意識的に持つようにしましょう。そのときのポイントは、『他人の心地いい』をマネしないことです」

　自分にとっての「心地いいこと」を知らない人は、意外と多いそうです。SNSで紹介されていたおしゃれなお店にわざわざ行く必要もなければ、無理をして高いサロンで自分に手をかける必要もありません。「ダラダラする」「お笑い番組を観る」といったちょっとしたことでも、本当に自分がリラックスできる時間こそが「心地いい時間」。自分軸で考えることが大事なのです。

　また、鳥山先生は、「多くの人が心がけていることで、実は間違っている考え方がふたつあります」と続けます。「ひとつは『ポジティブ思考でいる』こと。なんでもポジティブにとらえることで前向きになれると考える人は多いですが、実は逆です。ネガティブな自分を出すことで、自然と気分は安定してポジティブに向かっていきます。人間の感情は一定ではありません。本来、波があるものなのですから、感情を無理に変換させせようしてはダメ。マイナスな感情は、友人に話すなどしていったん吐き出すようにしましょう」

落ち込んだり、モヤモヤする日が続いても大丈夫

吐き出す相手が見つからない場合は、紙に書き出すのもおすすめ。人に見せるわけではないので、殴り書きでOK。書いていくうちに「それほど悩むことじゃないな」など、頭の中が整理されて、気分も落ちつきます。「紙に書く」という方法は、頭の片隅にずっと考えごとが居座っているときにも効果的だそうです。

「間違っている考え方のふたつ目は、『ルール作りをする』こと。『心を整えるためにこれをしなきゃ』『こんなことをしてはいけない』という縛りを作ることで心が緊張状態になり、その緊張が続くとストレスになってしまいます。うまくいかなかったときは、自分を責めて落ち込んでしまいかねません。

日本人はまじめです。でも、ダメな自分やマイナスの感情もきちんと認めてあげることで、もっと楽に過ごせるようになると思いますよ」

人間も自然の一部。季節や天気が変わるように、人の心も動きがあって当然。落ち込んだり、モヤモヤする日が続いても、「そんなこともある」とおおらかな気持ちで自分を見つめる視線も大事にしたいものです。

PROFILE

女性ホルモンバランスプランナー® 鳥山ますみ先生

東京都在住。大学で心理学を専攻し、卒業後は“月経とストレスの関連性”を研究。その後、アロマやリラクゼーションの技術を習得し、自身で設立した女性ホルモンバランスプランナー協会の代表を務める。また、吉祥寺のエステサロン『ICHIKA.』を主宰。更年期やPMSなど、女性ホルモンのお悩みに働きかけるセラピーを考案し、女性を応援している。著書に『セラピストのための女性ホルモンの教科書』（BAB ジャパン刊）がある。

鳥山さんの教え

心のモヤモヤを解消する

コツ① モヤモヤの原因をスルーしない

コツ② 「一時的なストレス発散」と「根本的な問題解決」をバランスよく

コツ③ 脳に刺激を与える

コツ④ 太陽の光をたっぷり浴びる

コレやめた！

自分の心・体のことは、自分がいちばんよくわかっているもの。「食事は1日3食」などの常識にとらわれず、心の声に正直な行動を。

ワクワクの感情で脳に刺激を

行ったことのない場所に旅行したり、いつもと違う道を通って帰るだけでも脳への刺激に。好きなモノをとことん調べて刺激を得るのも◎

朝日を浴びてリフレッシュ

日光を浴びるとセロトニンが作られる。多少なら日焼け止めも塗らなくて大丈夫！と、敏感になりすぎないことも大事

ストレスを発散しながら気負わずに問題解決

　モヤモヤの原因は人それぞれ。まずは自分と向き合って原因を探り、適度にストレスを発散しながら、急がず根本的な解決をはかっていきましょう。SNSやメディアの情報に流されたり、「セルフケアしなきゃ」とがんばりすぎたりしないことも大切です。

　心を落ちつかせるには、ヨガやマインドフルネス（瞑想）をしたり、ハーブティーを飲んだりするといいでしょう。また、精神の安定に深く関わるセロトニンが不足することによって、モヤモヤや不安感がわくこともあります。太陽の光を浴びる、ナッツやビタミンB6（赤身の魚や脂肪の少ない肉類などに多く含有）を積極的に摂取する、動物と触れ合う、などの方法もおすすめです。

烏山さんの教え

ネガティブ思考も悪くない

自分の気持ちと向き合う

すべての感情を正直に書き出すことで自分の本音と向き合うことができる。雨が降り続いたり寒い日など、天候の影響で落ち込むときもあるので、気分の波は誰にでもあるものだと気にしすぎないことも大事

ネガティブ日記を書く

アメリカなどでは「朝起きたらアイムハッピーといおう」と推奨するようなポジティブ心理学が広まっていますが、日本人にはあまり合わないように思えます。

ネガティブ思考はよくないという風潮がありますが、まずはマイナスな感情も心の一部と認めることが大切。

その上で、落ち込んだり不安になったりしたら「ネガティブ日記」を書いて、感情を吐き出しましょう。ネガティブな感情を出しきると、自然に気持ちも前を向いてくるはずです。

鳥山さんの教え

てっとり早い心のデトックス

人と話してスッキリする

忙しいときはさまざまな感情が心の内でうず巻いて、がんじがらめになってしまいがち。てっとり早く解消するにはどんなに忙しくて時間がなくても「人と話す」ことがいちばんです。とくに昨今は、SNSなどで情報をインプットするばかりで、アウトプットを忘れることも多いものです。

心の中を整理するためにも、信頼できる親しい相手に「ちょっとだけ愚痴らせて」と話を聞いてもらいましょう。ほかにも、「紙に書き出す」といった方法でもOKです。

Point

インプットする情報が多すぎると感じた場合は、アプリを消したり、SNSをやめたり、スマホを見ないなど物理的なことをするのもひとつの手

話し相手選びは慎重に

忙しいときこそ人と話すといい。とくに、付き合いの長い人や心を許し合える人など、お互い愚痴をいい合えるような間柄の人と話すとデトックス効果大。ネガティブなことを聞かせるのは相手に嫌われるかな？と不安に駆られるような人に話すのはやめておいたほうがベター

鳥山さんの教え

イライラからの解放

コツ①
天柱のツボを押してセルフコントロール

コツ②
ビタミンB1やビタミンB2の力を借りる

コツ③
手浴や足浴を日課に

コレやめた！

自分の時間が持てないと、イライラしがち。「朝ごはんを手抜きする」「仕事を人に割り振る」など、自分の荷物を軽くする工夫を。

天柱

両手で頭を包み込むようにしたときに、親指の位置にくる首の後ろの２カ所のこと

疲れてきたなと感じたら…

首は生命維持に必要な器官が集まっている重要な場所。あまり強く押しすぎず、手で頭を包み込み親指で優しく押してあげることがポイント

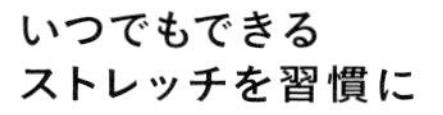

肩に平行になるよう首を右・左と、真横に曲げるだけでも普段と違う動きなので筋肉がほぐれる。肩を上げすぎないように注意

イライラは首のコリから解消する

血管が収縮し、血圧が上昇するなど、自律神経のうち交感神経が優位になると、イライラが起こりがち。首のコリは自律神経の乱れに影響を及ぼすので、首を動かしたり、首の後ろにある天柱のツボを押したりすることで、次第に落ちついてきます。

交感神経優位とは、頭に血がのぼっている状態です。手・足・仙骨（お尻の割れ目の上部分）を温めて、体の末端まで血を巡らせましょう。

手浴では手首から先を、足浴ではくるぶしぐらいまでを、40度ほどのお湯につけてください。また、もっと簡単な方法として、温かいマグカップを両手で包み込むように持つだけでも効果的。指先がポカポカしてきたら、温まった証拠です。

烏山さんの教え

気持ちを落ちつかせる

アロマや深呼吸でリラックスを

アロマなどの香りを楽しみながら、深呼吸をしてみましょう。香り選びで迷ったら、ベルガモットやオレンジなどの柑橘系や、リラックスできるとされるラベンダーやカモミールがおすすめです。深呼吸では、息を吸うことよりも吐くことを意識して。お腹に手をあてて3秒間吸ったら（鼻からでも口からでもOK）、お腹をへこませるイメージで6秒間かけてゆっくり息を吐きります。副交感神経優位になり、気分がゆったりするはず。

アロマの種類

キャンドル

炎のゆらぎを見ることで心が落ちつく効果もあり

スプレー

火を使わず安全でどこでも簡単に香りを感じられる

※アロマオイルの詳細はp.115参照

好きな香りをかぎながら深呼吸

気持ちを落ちつかせたいときは、アロマに包まれながら深呼吸をするとリラックス効果が最大に。吸うときは自然体でいいので、吐くときにお腹をへこませることを意識して

烏山さんの教え

自分だけの時間を作る

何をするかではなく何もしない

スケジュール帳やカレンダーに何も書き込まず、ただただゆっくりする日があってもいい。何をしてたか聞かれても答えられないような時間を過ごすことも、ある意味贅沢

音楽やラジオなどの「ながら聴き」も効果的

家事や育児に追われていると、ひとりの時間を作るのは難しいですよね。そんなときは、ラジオや音楽を聴くなど、「ながら」でできることがおすすめです。手を動かしながらもちょっとした気分転換ができるので、自分の時間ができた気分になれます。

また、1日5分程度の瞑想もおすすめ。心が「無」になれなくても、雑念がいっぱいでもOK。目を閉じて静かな時間を過ごすことで、脳の空き容量が増えて気持ちもスッキリします。

鳥山さんの教え

自信を持つ

コツ①
些細なことでも、自分を褒めて
自己肯定感をアップさせる

コツ②
寝具やパジャマなど、
人に見せないモノこそ質にこだわる

コツ③
自分だけの特別な空間を作る

コレやめた！

外出時や仕事では、周りの目を気にした服装や行動になりがち。でも、家の中では「無難」をやめて、好きなモノをとことん楽しんで！

自分を大事にしている実感を持つ

普段使いの化粧品より少し高いものやパックなど、自分にとってスペシャルだと思うスキンケア用品を使ったり、オーガニックで質のいい下着を身につけると、気持ちが格上げされて自信につながる

自分をちゃんと見て手をかけてあげる

まずは、自分を褒めてあげること。「忘れずにゴミ出しができた」「ちゃんと挨拶ができた」など、ちょっとしたことでかまいません。続けていくうちに、他人の目ではなく自分自身を気にかけられるようになり、自分を大事に思う気持ちや自信が芽生えてくるはずです。

また、人に見せない寝具やパジャマ、デスクまわりなど、自分だけの空間にこだわると、「自分に手をかけている」という意識がわいてきて、自信につながっていきます。

メイクやスキンケアも同様。育児や仕事がどんなに忙しくても「この時間だけは女性に戻れる」という人も多いと思うので、ちょっと贅沢をしてもいいかもしれませんね。

みんなの新しい暮らしの習慣

COLUMN

01

フルヤジオーガニックス
大宮雅代さん

PROFILE

2007年に関東から地元高知へUターン。薬や化学肥料は使わずできるだけ自然にそった農業を営んでいます。自家栽培の農産物を使用したパンやお菓子、ラー油やパクチーオイルなどの加工品を作り販売しています。
furuyajiorganics

① 心を鍛えるために日々行っていることは？

早寝早起きなど、できるだけ規則正しい生活を心がけています。あとは外食でなく、バランスのとれた安心できる手作りごはんを家族で食べること。苦手なので完璧ではないですが、こまめにそうじ（主に長い時間を過ごすキッチンなど）をすることもメンタルケアにつながっていると思います。

② メンタルがすぐれないときはどんなとき？

仕事が忙しかったりして心身ともに余裕がなくなっているときや、悩みごとがあるときは気分が沈みがちです。

③ メンタルがすぐれないと感じたときの解決法は？

山や川や海など、自然の中に身を置いてみる。そうすると自分の悩みなんてちっぽけでどうでもいいと思えてきます。それから「いっぱい眠る」「おいしいものを食べる」「誰かに話を聞いてもらう」「お酒を飲む」「自然に任せてときがすぎるのを待つ」など。

④ 心を鍛えるための新習慣は？

家でYouTubeの動画を参考にしながら、ストレッチやヨガなどで体を動かすようになりました。コロナ禍の影響でイベントがなくなったこともありますが、仕事は無理せずほどほどにすること。今となっては、「これでよかったな、なんであんなに必死でがんばってたのかな」と思います。食事や生活などでウイルスなんか気にならない免疫力をつけていきたいですね。

写真提供＝大宮雅代さん

< 心編 >

生活が目まぐるしく変わっていく昨今。
丁寧に暮らす人々の日常の変化や新しく取り入れた習慣について聞いてみました。

02

整理収納アドバイザー
三吉まゆみさん

PROFILE
汚部屋専門の整理収納アドバイザー。「部屋の乱れは心の乱れ」ともいわれるほど、部屋と心は密接に関連しています。心を整えて少しでも楽に暮らしやすくなるよう、SNSでの発信のほか、オンライン相談や講座を開催しています。
miyo_344

① 心を鍛えるために日々行っていることは？

ノートや手帳への書き出し。気づいたことや考えていることなど、頭で考えても忘れたり脱線してしまうので、書いてアウトプットする時間を作っています。書くことで頭の中が整理されて、悩みごとも解決しやすくなりました。

② メンタルがすぐれないときはどんなとき？

仕事をぎゅうぎゅうに入れてしまったときや心配事があるときです。肉体的な疲れと精神的な疲れがあるときは心に余裕がなく、ネガティブになりやすいです。とくに夜の時間は考え込んでしまいますね。

③ メンタルがすぐれないと感じたときの解決法は？

早めに寝ること。考えてもネガティブな考えに陥りやすく、いいことがないので（笑）。そのほかに、本を読むことも多いです。気合いを入れるような自己啓発本ではなく、気楽に読めるエッセイなどを読んで心を軽くします。

④ 心を鍛えるための新習慣は？

手帳に自由時間を書くことにしました。在宅ワークのため、ついつい休憩せずに仕事してしまうので……。ウィークリーページには、「この日のこの時間は自由時間にしよう」と楽しみな予定を先に書き込んで、スケジュール予約しています（カフェに行くとか本を読むとか些細なことですが）。

写真提供＝三吉まゆみさん

CHAPTER 2

住空間を見直す

自分らしく、心地よく暮らすための軸になる場所、それが住空間です。1日の多くの時間を過ごす場所だけに、心から落ちつくことができて、リラックスできることはもちろん、在宅ワークが当たり前となったコロナの時代においては、集中できる環境であることも重要なファクターとなってきました。

モノがない暮らしがリラックスできる空間とは限りません。お気に入りのモノに囲まれつつ、それでもしっかりと整理整頓されていて、統一感のある空間であること。自分らしくいられる家作りは、人生の豊かさそのものといっても過言ではありません。

自分が求めるものは何か、その人にあった片づけの仕組み作りや、モノを持つ意味を今一度考えなおし、今後、求められる住空間の在り方を整理収納アドバイザーの能登屋英里さんと考えていきます。

CHAPTER 2 ―― INTERVIEW

整理収納アドバイザー
能登屋英里さんに聞く

住空間の整え方

見せる収納で“個性ある”住空間を作り上げる

人生において、家で過ごす時間はいったい、どのぐらいあるのでしょうか。具体的な数字は定かではありませんが、多くの人にとって家は人生の大半を過ごす場所であることは間違いありません。だからこそ、自分にとってくつろぐことができる住空間を作り出すことはとても意味があります。でも「気づいたらモノであふれている」「ごちゃごちゃしていて煩わしい」など悩みが尽きず、どうやって空間をリメイクすればいいのかイマイチわからない人も多いようです。

整理収納アドバイザー、そして住宅収納スペシャリストの資格を持つ能登屋英里さんが教えてくれるのは「ただ片づいているだけの部屋ではなく、見映えよくディスプレイされた住空間」の作り方です。能登屋さんの得意とする“見せる収納”は、アパレルメーカーで長年、店舗ディスプレイの仕事に携わってきた経験に基づいているのだと語ります。

「芸術大学を卒業後、ユニクロに入社し、新規オープンの店でどう商品を見せ、ディスプレイするかをメインの仕事としてやってきました。その後、自分の目をさらに鍛えるため、NYとパリにそれぞれ1年間ずつ滞在。現地のユニクロで働きながら、欧米のディスプレイを学んでいました。同時に海外特有の個性ある家やインテリアにもすごく惹きつけられて、どんどん興味が深まりましたね」

その後、帰国して結婚。出産後の将来を見据えて整理収納アドバイザーの資格を取得。整理収納の仕事をする上でも、自宅のリノベーションの際にも、役立ったのは海外で養ったセンスでした。「日本の家ってどうしてもありきたりな印象で。白とベージュでまとめられた小ギレイな空間。でもそこに個性が感じられないからワクワクしない。だから、自分の家のリノベーションのときは、よくある家を作るのではなく、〝わたしらしい、わたしたち家族にしかできない家〟を作りたいと思ったんです」

〝ワクワクする空間〟という表現はまさに言い得て妙。確かに、能登屋さんの家はキッチンもリビングもキッズコーナーもワクワクする仕掛けがいっぱい。無機質にただ単に片づけられた部屋ではなく、そこに住む人の思いや趣向が感じられるから、ワクワクするし、ついつい長居したくなる居心地のよさが生まれているのです。

人を招き入れる家に

では、自分らしい住空間を作る上で、何を第一に考えればよいと考えているのでしょうか。能登屋さんは「軸を持つことが大事」と話します。

「どんな家にしたいのか、理想を箇条書きでいいから書き出してみる。すると自分が何を求めているのかがなんとなく見えてきます。その上で、それらに優先順位をつけていきます。

わたしの場合、今の家を作るにあたり、ずっと真ん中にあった軸は『ゲストものんびりくつろげる家』。ゲストが快適に感じる家は、住んでいる家族がみんな快適であってこそですからね。我が家に来

た友達がよく『この家、居心地よくて眠くなる』というんですが、そのくらいリラックスして長居したくなる家にしたかったんです」

「ゲストがくつろげる家」という軸を掲げて、能登屋さんが実際にした行動は52㎡のうち、リビングルームを最大限広く取り(17畳)、1LDK+ウォークインクローゼット(以下、WIC)という間取りにするということ。いちばん長く過ごすリビングだからこそ、広く快適にしたいという意図のもとです。

そうして自分の意図を空間作りに盛り込むことで、誰かが作った家ではなく、自分の愛着やこだわりが詰まった家となり、過ごしやすい空間へと変貌を遂げていくのです。

住所を決める大事さ

家の大きなコンセプトが決まり、主役の家具を配置し終わったら、今度はこまごまとしたモノをどのように収納していくか。いくら素敵な空間ができあがっても、モノが散乱していては台無しです。

「わたしは〝見せる収納〟を多くして、部屋の中のアクセントにしています。WICやキッチン収納など、しまうべきモノは徹底して分類・収納しますが、気に入って買ったモノなどはあえて見える場所に、インテリアのように置く。そうやってメリハリをつけて収納するようにしています」

その上で、収納におけるポイントは「定位置管理にあり」と力説します。

PROFILE

整理収納アドバイザー 能登屋英里（のとやえいり）さん

東京都在住。夫と４歳の長女と3人暮らし。ユニクロ、エストネーションなどで店舗ディスプレイをトータル15年ほど担当。その後、NYとパリでの生活を経験し、海外のディスプレイやインテリアの在り方などで目を鍛え、研鑽を積む。帰国後結婚し、出産後の将来を見据えて、整理収納アドバイザー、住宅収納スペシャリストの資格を取得。自身の家のフルリノベーションを行い、2019年2月よりプロの整理収納アドバイザーとして活動スタート。

「モノの住所を決めておく（定位置での管理）と、片づけはぐんと楽になります。住所は家族で共有するのが◎。我が家ではラベリングをしてどこに何があるか一目瞭然にしています。そうすると、夫もわかりやすくなり、家事分担もスムーズになりましたね」

コロナ後の住空間の変化

コロナ禍により、快適な住空間の大事さに注目が集まりました。これから住空間はどうなっていくのでしょうか。

「ステイホームになったことで、改めて自分の家の空間を見直された方も多いと思います。今までは家＝くつろぐ場所だったものが、家＝仕事をする場にもなったという変化は非常に大きい。かくいう我が家もワーキングスペースを新たに作りました。これからは、くつろぎとともに集中できる環境という視点も持たなくてはいけなくなるでしょう」

そしてもうひとつ。家における〝グリーン〟の存在の大事さも、今まで以上に強まったと話します。

「外に行けなくなった分、家の中での観葉植物などグリーンの大事さを再認識しましたね。グリーン類は、くつろぎのスペース作りにも、仕事に集中できる環境作りにも役立ちます。置き型の観葉植物だけではなく、ダクトレールに観葉植物を吊るすなど、配置の仕方にひと工夫して、上部の目線にもグリーンが映えるようにしました」

住空間の転換期ともいえる今。新しい時代に合った形の住空間の築き方が必要とされているのです。

能登屋さんの教え

理想の生活空間を見極める

コツ①
「コレいいな」をスクラップして、自分の〝好き〟を徹底的に知る

コツ②
空間づくりの主役になる〝いいモノ〟を決める

コツ③
自分にとって使いやすいモノを知る

コレやめた！

誰かがいいといっていたモノが、自分の家にも合うとは限らない。いいなと思うモノを参考にしつつ、そこに自分らしさをプラスしています。

Pinterestを活用する

能登屋さんはPinterestを使って「いいな」と思う空間をスクラップ。主役にする家具の名前で検索をすると、ヒントになるような画像がたくさん出てくるので探しやすいそう

自分の〝好き〟を知り、主役の家具を決める

理想の住空間を作り出すには、まず自分の〝好き〟を知らないとはじまりません。どんな空間がいいなと思うのか、それを知るためにはＳＮＳでいいなと思うモノをスクラップしていきます。

そうすると、「わたしは青い壁が好きだな」と好みの傾向が見えてきます。その上で、空間の主役となる家具を手に入れる。そして、「このテーブルに合うモノはなんだろう?」と考えていくと、そのほかの部分もイメージしやすくなるんです。

ただ、主役級の家具は一生モノの買い物。購入後の後悔を避けるためにもサブスクを利用するなど、実際に使ってみて本当に自分に合うか、試してみるのもおすすめです。

能登屋さんの教え

使いやすい動線を考える

コツ①
意外と知らない
家の中での自分の動きを再確認

コツ②
自分だけの目線でなく
家族の目線でも動きをチェック

コツ③
使用頻度の高いモノはしまい込まない

コレやめた！

間取りにもよりますが洗濯物の外干しをやめてみる。洗濯機をまわし、そのまま乾燥機や浴室乾燥へ。サニタリーだけで完結できれば動線のムダもないです。

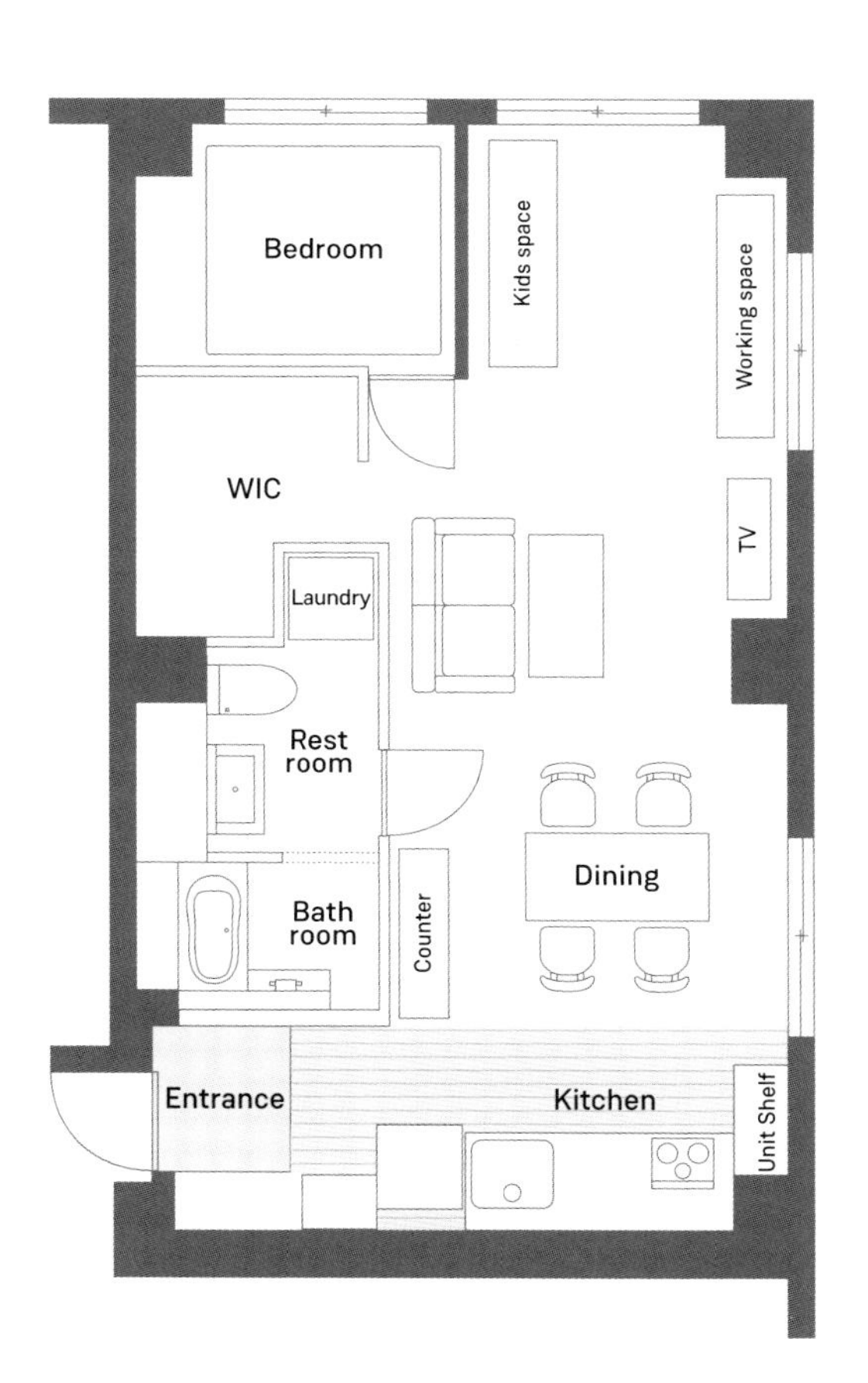

娘の動き

キッズスペースとテレビのあるリビングは隣り合っているので、4歳の娘さんが行き来するスペースはコンパクトにまとまっている

サニタリー

洗濯→干す→たたむまで、ほとんどがサニタリールームで完結するスッキリ動線

キッチン

以前はコの字になるようにキッチンと並行に置いていたという食器棚カウンターを現在は壁側に配置。2歩でしまえる動線なので許容範囲内

家族みんなの目線で1日の動線を見直してみる

行ったり来たりでムダが多いと悩む方が多いのが家の中の動線です。動線を見直すとき、まず考えたいのは自分の毎日の行動。どことどこの行き来が多いのか、それをきちんと知ることが動線をスッキリさせる第一歩といえます。自分の目線だけでなく、こどもやパートナーなど家族の動線のチェックもお忘れなく。

そして、使用頻度の高いモノほどしまい込まない収納を心がけたいもの。細かく片づけすぎてしまうことで出し入れのムダが多くなっているケースがあります。よく使うモノほど、出しっぱなしにして、〝見せる収納〟にしても見映えのいいモノを選ぶと、出し入れの手間がなくなり、動線もスッキリします。

能登屋さんの教え

自分にとって必要な量を知る

コツ①
タオルの枚数は「1日に使う枚数×洗濯の頻度」

コツ②
変化する生活スタイルに合わせて家にあるモノの物量を都度、見直す

コツ③
定番ブランドを決めてムダ買い防止

コレやめた！

トイレットペーパーなどのストックは置いておく場所を取るので、なるべく持たない。ギリギリになって買いに走るくらいでも大丈夫です。

いい感じに見えるインテリア

能登屋さんの教え

インテリアのアクセントに

ル・クルーゼのターコイズと北欧テキスタイルの手提げのブルーが効いてスタイリッシュにまとめられている。ワイヤーシェルフはコンランショップのモノ

テーマカラーを決めて緑をうまく配置する

インテリア考えるポイントとしてまず、テーマカラーを決めましょう。基本的には2色（同系色）までに抑え、壁や床も含めて5色までにするとスッキリとした印象になります。

そして、家電もなるべく色を揃えて。マウスなどの細かいモノまで色を意識すると、統一感が出てスタイリッシュに見えます。テーマカラーには植物の緑は入れなくてOK。観葉植物は空間の余白を埋めるイメージで置いていくとよいでしょう。

スペースごとの見直し

［玄関］風通しよく、整然と

左
玄関全景
シューズ収納を配置。棚板の下には折り畳み式の自転車を収納。向かいには全身鏡が

右上
高さを使い分ける
靴の高さや置くモノに合わせて棚板の高さを変えながらムダなく収納するのがポイント

右下
あると嬉しい玄関収納
お出かけで使うモノ（通園バッグなど）は帰ってきてかけやすく、出かけるときにパッと取れる玄関に収納

靴は整然と並べて思いきって見せる収納を

玄関のポイントは、数が多く、バラバラとした印象になりやすい靴をどうスマートに収納するかです。我が家の場合は、下駄箱は作らず、思いきって見せる収納に。棚は可動式なので高さを調整することも可能。通園バッグや買い物用のバッグなど出かけるときに使うモノをちょっとかけられるようにもしてあります。

消毒スプレーも玄関まわりに置くのをお忘れなく。置いても邪魔にならないパッケージのモノを選んでいます。

スペースごとの見直し

［寝室］寝ることに集中できる

シンプルな寝室

寝室にはベッドのみを置くという潔い作り。マリメッコのファブリックパネルはDIYしたモノでお気に入り

コンテナ

無印良品のポリプロピレンの頑丈収納ボックスの中には、防災グッズをまとめて収納

テーマカラーのブルーが効いたベッドルーム

片面ブルーの壁、マリメッコのファブリックパネルなど、テーマカラーであるブルーを印象的に配したベッドルーム。娘が生まれる前はリビングの奥（現在のキッズスペース）が寝室でしたが、娘が生まれて寝室はリビング奥の3・3畳に移動。スモールサイズのベッドを2台並べ、あえてぎちぎちに置いています。生活スタイルの変化に伴い、その都度、使い勝手を見直していくことがよい空間作りにつながります。

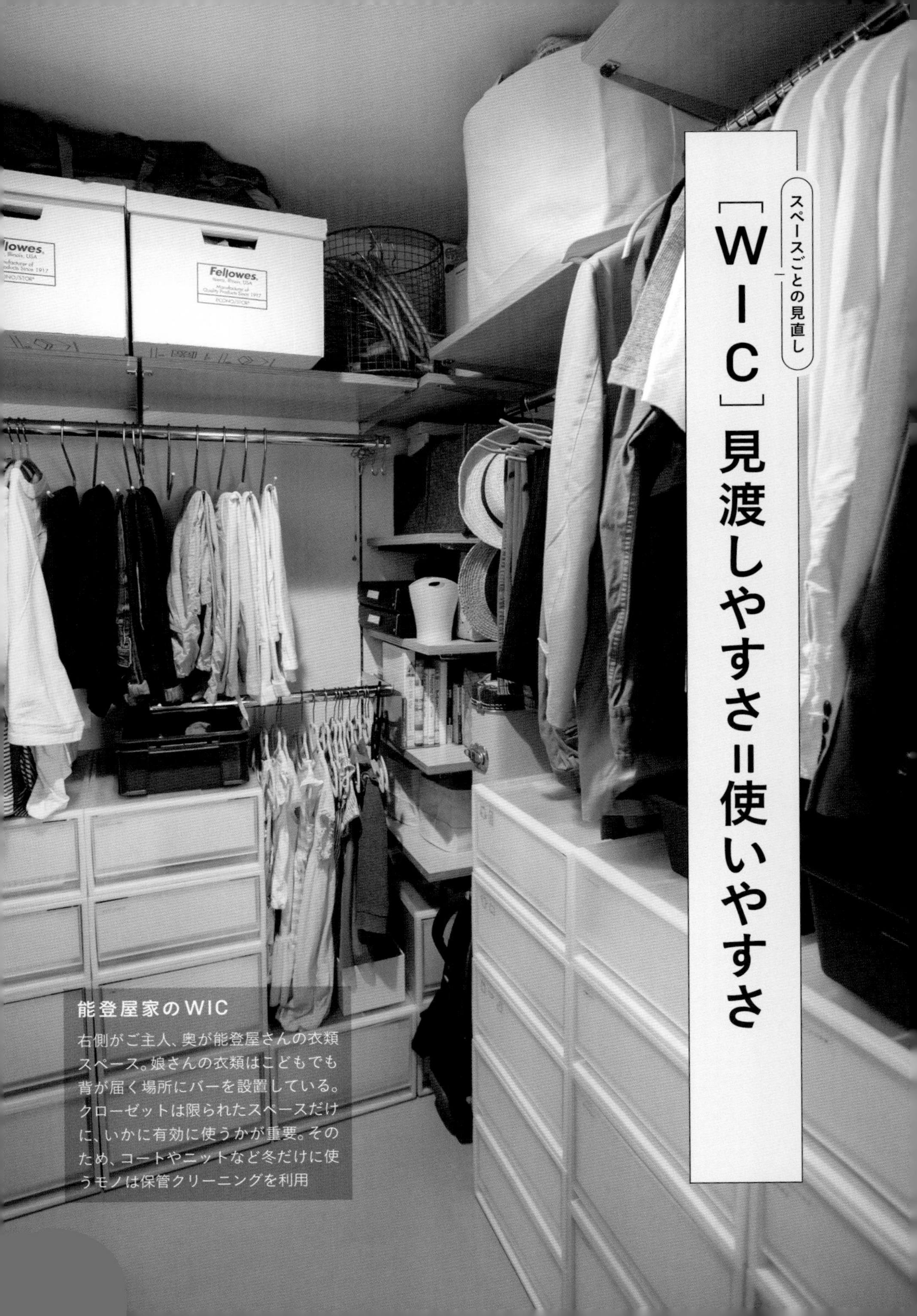

スペースごとの見直し

［WIC］見渡しやすさ＝使いやすさ

能登屋家のWIC

右側がご主人、奥が能登屋さんの衣類スペース。娘さんの衣類はこどもでも背が届く場所にバーを設置している。クローゼットは限られたスペースだけに、いかに有効に使うかが重要。そのため、コートやニットなど冬だけに使うモノは保管クリーニングを利用

収納ケースにはラベリング

衣類は無印良品のポリプロピレンケースで統一。白い紙を使ってケースの中身を目隠しし、何が入っているかわかるようにラベリング。大は小を兼ねるかと思いきや、小さいモノを重ねて使うほうが便利とのこと

狭さを活かす

1.5畳という狭いスペースだからこそ、全体をいつも見渡せて家族全員分のモノを管理することができる

WICは風通しよく

湿気がこもることを考え、WICにはあえて扉は設置せず。来客時の目隠しとして、ロールスクリーンを設置

万能なバンカーズボックス

使用頻度の低いモノは、シンプルなデザインが気に入っているバンカーズボックスに入れて上部に保管

わずか1.5畳だけど驚きの収納力

寝室の隣にある1.5畳ほどのWIC。このスペースに家族3人の衣類がほとんど収納されています。衣類はハンガーをかけるバーに吊るすモノと、ラベリングした無印良品の収納ケースに入れるモノに分けて収納しています。

ポイントは左右の隅に作った動かせる棚板。どうしてもデッドスペースになりがちな部分なのですが、そこをうまく活用して、使用頻度の低いモノ(アイロン、裁縫用具など)を置いています。

そしてもうひとつが、狭い空間を整然と見せるために、ハンガーや収納ケースの種類を揃えていること。それだけで統一感が出て、見た目にもスッキリします。

スペースごとの見直し

［キッチン］見せる収納で快適に

まるでカフェみたいなこだわりのキッチン

リノベーションで強くこだわったのがこのキッチン。タイルを使ったオープンキッチンは、見せる部分としまう部分、オンとオフをしっかり分け、スッキリと片づいたカフェのようなキッチンに仕上がっています。

おたまやフライ返しなどのキッチンツールがずらっとハンギングされていて、モノが多いのにスッキリと整理整頓されている、まさに〝見せる収納〟のお手本。ツールの色を揃えることで整然とした印象を生み出しています。

ツールの色を揃えてスタイリッシュに

ブルックリンにあるようなカフェをイメージし、タイルを使うと決めていたキッチン。左側には黒のツールを、右側にはステンレスのツールを、色ごとに配置

“好き”を並べる

右側のシンクの上の棚には、ケメックスのコーヒーポットやマリアージュフレールの南部鉄器、自家製の梅シロップなど、インテリアにもなるモノを配置

調味料は見せる

料理に使う調味料はオクソーのポップコンテナで統一。見映えもよく使いやすい。背景のタイルとの相性も◎

スペースごとの見直し

［リビング＆ダイニング］家族の集う場所

左下
テレビ下も収納として活用
テレビボードは使わず可動式の棚に設置。下にはバンカーズボックスを並べ、収納スペースを確保。インテリアとして見せる技が光る

左上
面積の多い部分にこだわる
ダイニングの床はヘリンボーン張り。存在感がありつつ、ダイニングテーブルのヴィンテージ感との調和をはかっている

右
観葉植物は大小揃えて
観葉植物は、大きなモノから小ぶりなモノまでさまざまに配置。ダクトレールを使って吊るすグリーンを取り入れると、空間が立体的に

空間の主役にはダイニングテーブルを起用

リノベーションにあたり、とにかくリビング＆ダイニングのスペースを大きく取りました。主役はイルマリ・タピオヴァーラのヴィンテージのダイニングテーブル。「これが活きる空間にしたい」と思い、これに合うキッチン、これに合う床という具合でリノベーションの軸になっていました。

リビングは家族みんなが集う場所。わたしだけの意見ではなく、夫の大事にしているモノなど、家族の趣味も尊重した空間作りを意識しています。

スペースごとの見直し

［サニタリー］毎日キレイをキープ

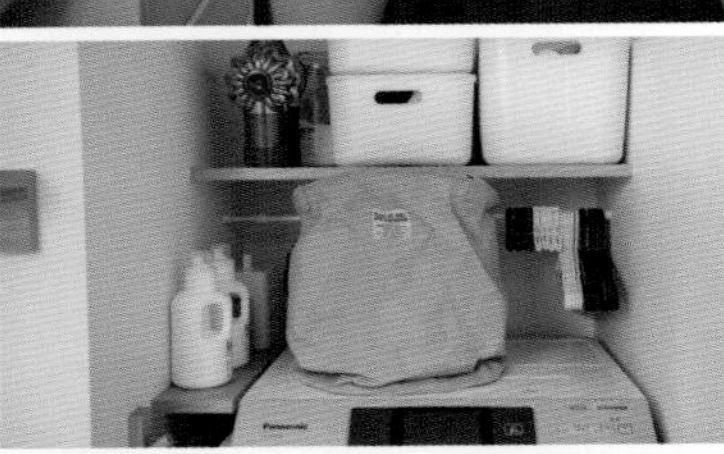

上　**居心地のいい サニタリールーム**

白でまとめられ、清潔感のあるサニタリールーム。洗濯乾燥機の上には棚を作り、こまごまとしたモノはポリエチレンケースに収納。バーを設置してハンガー置きとして活用

中　**洗濯かごはコンパクトに**

置き場に困る洗濯かごはコンパクトに折りたたみできるモノにすると、使わないときに小さくなり便利

下　**必要量しか持たない**

トイレットペーパーやハンドタオルはアイアンボックスに入れてトイレ上部に収納。トイレットペーパーはここに入るだけしかストックせず

欧米スタイルで一体型 動きやすいサニタリー

サニタリーはトイレと洗面、浴室、ランドリーが一緒のスペースにあるという欧米スタイルです。ランドリー部分は洗剤やハンガーなど、こまごましたモノをいろいろと置かなくてはならないので、収納の腕が試される場所といえます。

我が家ではランドリー上部に棚を作り、その上に無印良品のやわらかポリエチレンケースを大・中・小で揃え、その中に洗濯ネットなどを分類・収納してあります。

スペースごとの見直し

［洗面所＆浴室］いつも気持ちよくいられる

バスルームは空中収納で清潔に保つ

トイレ・ランドリーと一体になっている洗面所＆浴室。ミラー裏の収納スペースには、綿棒やコットン、化粧品などのこまごましたモノを無印良品のボックスに小分けに分類して収納。さらに、洗面シンクの下に無印良品の頑丈収納ボックスを置き、洗剤のストックなどを入れてあります。

バスルームのポイントは、床に何も置かないようにしている点。風呂桶はもちろん、そうじグッズなども引っ掛けられる空中収納にしています。

ミラー裏収納

作りつけのミラー裏収納。ぎゅうぎゅう詰めにしすぎず、取り出しやすくすることがポイント

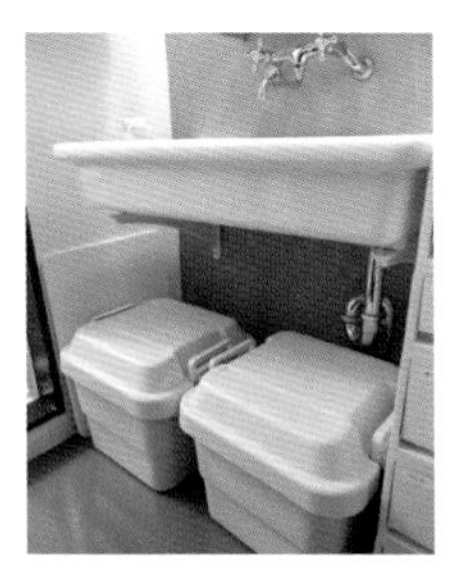

大容量の収納ボックス

洗面シンク下に並んだ無印良品のポリプロピレンの頑丈収納ボックスには、洗剤のストックやサニタリー用品などを収納

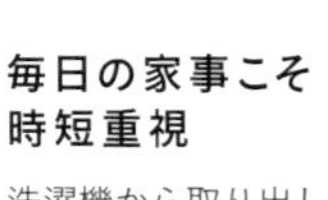

毎日の家事こそ時短重視

洗濯機から取り出した洗濯物はハンガーにかけて浴室乾燥へ。サニタリーだけで完結する洗濯動線の流れはスムーズ

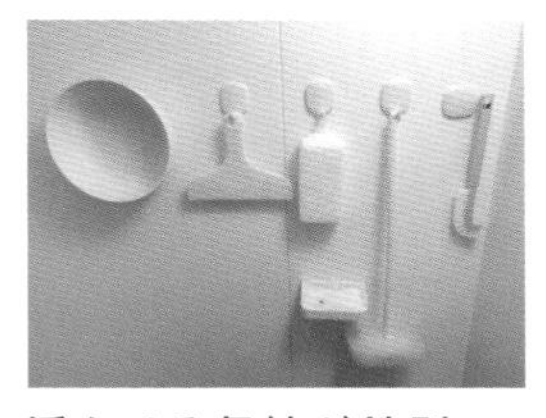

浮かせる収納が鉄則

バスルームの備品はひっかける“空中収納”で、清潔＆スッキリ

スペースごとの見直し

［キッズコーナー］片づけられる仕組み作り

おもちゃの定位置をわかりやすく

大きさも幅もバラバラなモノをしっかり分類して、整然と収納。上部にはインテリアにもなる木製おもちゃを配置

出し入れしやすい余白

余白スペースを作ることで、取り出しやすく、しまいやすい収納に。さらに中身が一目瞭然になるのと、こどもの興味もひきやすくなる

こどもが自分で片づけられる仕組み

こどもでも読めるように平仮名で書かれたラベリングで、こども自身もモノの住所を覚えやすくなる

かわいい木製おもちゃはインテリアのように配置

リビングスペースの奥の部分は、キッズコーナーとワーキングスペースを兼用した空間になっています。

キッズコーナーは絵本からシール、積み木などのおもちゃまで、すべてスタッキングシェルフに美しく分類&収納。こどもにも読める平仮名でラベリング、余白を残した収納でこどもでも取り出しやすく、しまいやすいなど、工夫がいっぱいです。ちなみに、こどもの成長に合わせて、その都度収納位置の見直しをすることをお忘れなく。

スペースごとの見直し

［ワーキングスペース］仕事が捗る基地にする

個室でなくても、集中環境は作れる！

最近、新調したのがこのワーキングスペースです。夫の在宅ワークがはじまったことで、わたしはダイニングテーブルで仕事をしていましたが、肩や腰が痛くなり、きちんと集中できるワーキングスペースを作ることにしました。

まずは夫とわたし、それぞれが仕事できるようにデスクを2台購入し、スペースを確保。ポイントはいかにして集中環境を作るか。目線を上げられるPCスタンドや二重窓で仕事が捗る環境を作り出しています。

ぴったりサイズのデスク

スペースにぴったり合うサイズをオーダー。2台並べれば、180㎝の長いデスクとしても使用できるし、写真のように間にシェルフを入れると独立したデスクにもなる

体への負担軽減

ピラティスの先生にモニターの位置をあげたほうが体への負担が少なくなるといわれ購入したPCスタンド。デスクとのバランスを考えて黒をセレクト

スムーズな動線作り

充電アダプターなど仕事で使う細かなモノは“ちょこっとボックス”に入れる。仕事中はデスク上に、使い終わったら下の棚に重ねて収納

疲れないイス

ハーマンミラーのセイルチェアは1脚自分用に購入したが、座り心地がよかったので、一時的に在宅ワーク中の主人分はサブスクに

みんなの新しい暮らしの習慣

COLUMN

01

雑貨コーディネーター
オモムロニ。さん

PROFILE
雑貨コーディネーターとして日用品や手みやげなど、グッドデザインかつ実用的なアイテムのセレクトやコラム連載など。著書に『DAILY GIFT BOOK 気持ちが伝わる贈りものアイデア』（文藝春秋）。
omomuroni

① 住空間を整えるために日々気をつけていることは？

キズや汚れには大らかに、ホコリや衛生面はシビアになること。猫を飼いはじめてから「快適なインテリア」への価値観が変わりました。こちらがどんなに部屋を片づけても、猫はソファを引っ掻くし、オブジェや植物に興味を持つし、ときどき嘔吐もする。それに一喜一憂しないために、あまり整えすぎないことを意識しています。

② 「住空間が乱れてきたな」と感じたら何から手をつけますか？

床面（我が家は絨毯敷きですが）からスッキリさせます。床に置かれた本やエクササイズグッズなどを上にあげ、ルンバを走らせるかコロコロをかけます。

③ 「住空間が整っている」ベストな状態をキープする秘訣は？

個人的には、スッキリした部屋より多少モノに溢れた空間のほうが好きなのですが、それでもごちゃごちゃしたときは、かご、カゴ、籠！　収納に迷うような形状のモノ（マッサージグッズなど）や、とりあえず置いておきたいモノを入れます。カゴはテイストが違っても、不思議と雰囲気を出してくれるので重宝しています。

④ 「住空間を整える」ためにはじめた新習慣は？

動画を観るためにプロジェクター（ポップインアラジン2）を買いました。照明を兼ねているだけでなく、Wi-Fiでテレビとつなげられるので便利です。あと、自転車を買い替えてカスタムしたら出かけるのが楽しくて、地元のいいところを再発見しました！

写真提供＝オモムロニ。さん

＜住空間編＞

02

一級建築士
整理収納アドバイザー
ハギヤマジュンコさん

PROFILE

夫と娘、チワワ3匹と大阪で暮らす。一級建築士・整理収納アドバイザーなのに、モノが大好きで片づけが苦手という、依頼者に寄り添った提案ができる、おうち作りカウンセラーとして活動しています。
cocoti
https://cocoti-yoi-kurashi.com/

① 住空間を整えるために日々気をつけていることは?

暮らしもインテリアもお片づけも、常に「もっとよくならないかな？」の視点を忘れないようにしています。使いづらさを感じたり、友達の家や買い物先で見かけて「マネしてみようかな」と思ったら即行動に移しています。

② 「住空間が乱れてきたな」と感じたら何から手をつけますか?

わたしはいつもの暮らしの中で「乱れ＝イラッとする」で気づくので、まずは何にイラッとしているのかを探ります。自分の家は見慣れてしまって俯瞰しづらいため、写真を撮ってみるとわかりやすいです。大概は、どこかが散らかっていることが多いので、まずはそこを片づけます。

③ 「住空間が整っている」ベストな状態をキープする秘訣は?

使ったモノを定位置に戻せるといいのですが、ズボラなわたしはなかなかできません。週に一度でもいいし、月に一度でもいい。「今日はやるぞ！」という日を作って、まとめて見直すようにしています。

④ 「住空間を整える」ためにはじめた新習慣は?

家にいる時間が増えたことで、LDKが散らかりやすくなったので、できるだけ、ダイニングテーブルは毎晩リセットします。また食事を作る回数が増えたので、スイッチひとつで煮物がおいしくなるタイプの調理家電も増やしました。あとは家族で登山をはじめました！

写真提供＝ハギヤマジュンコさん

CHAPTER 3

毎日そうじをルーティン化

心地よい毎日を過ごすために欠かせないそうじですが、苦手意識がある人も多いことでしょう。だから後回しにしてしまったり、つい忘れてしまったり、気がついたときには汚れがこびりついてそうじするのが大変になったりすることも……。

そうじ＝大変なものとなるべく思わずできるようにするにはどうすればいいのか。その答えは“シンプル”にあります。「本当にお気に入りだけに囲まれた暮らし」＝シンプルライフを実践するシンプルライフ研究家のマキさんに、心と時間にゆとりを持つ、豊かな暮らしのための毎日そうじ術を聞きます。

特別な収納グッズやそうじ道具がなくても大丈夫！片づけやそうじをもっとシンプルに考えて、自分が暮らしやすい“そこそこそうじ”を教えてもらいましょう。

CHAPTER 3 ―― INTERVIEW

シンプルライフ研究家
マキさんに聞く

そうじの考え方

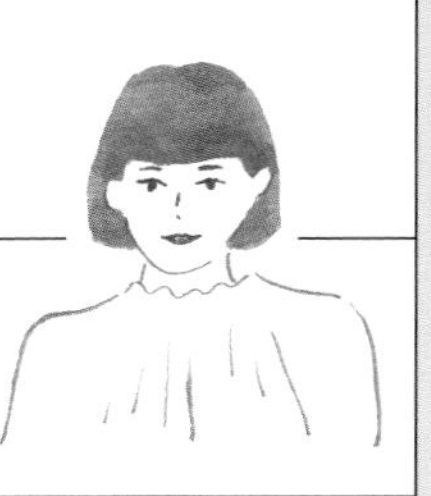

〝コレやめよう〟の引き算で気持ちが楽になりました

シンプルライフ研究家として、多くの著書を持つマキさん。「余計なモノは持たない、余計な家事はしない」をモットーに、当たり前の常識にとらわれず、自分にとって本当に必要なモノだけを見直したシンプルな暮らしが多くの人から共感を集めています。そんなマキさんだけに、そうじもシンプルな考え方に基づいて行動します。

「結婚する以前から、もともとそうじはなるべくしたくないというタイプで。正直、そうじは全然好きじゃないです（笑）。逆に好きじゃない＝なるべくやりたくないから、必要最低限での作業や動線で、『大変と思わずに終わっている』のがいい。それで、今の形におさまりました」

そう語るマキさんのそうじ術は、「コレやめよう」の〝引き算〟の考え方が主になっています。

「わたしのそうじの軸は、徹底してピカピカにする必要はない。それで疲れちゃうなら本末転倒。気にならない程度にキレイになっていればいいんだってこと。人はがんばってキレイにすると、褒められたくなる。でも逆にやったのに誰からも褒められないと『わたし、なんのためにキレイにしてるんだろう』って思ってしまいがち。そういう気持ちになるのもイヤだなと思って。キレイにするっていう感覚をやめて、『いや最悪、汚れていなければいいでしょ』というスタンスにしたんです」

引き算の考え方が顕著に表れている最たるものが、モノを減らすということ。〝よける・開ける・しまう〟という作業があればあるほど、家事は複雑になる。つまり、持つモノをシンプルにするとそうじはすごく楽だと気づき、なるべく簡素化して、モノを増やさない、置かないように意識しているそうです。

「足し算の考え方だと、食器用洗剤とハンドソープとどちらも必要になりますが、わたしは食器用の液体洗剤で手も洗ってしまいます。兼用できるところは兼用して、なるべくモノは減らすように心がけていますね」

〝歯磨き〟と同じルーティンに

大変と思わずにそうじをやるためのポイントは〝ルーティン化〟と〝ついでそうじ〟だとマキさんは語ります。

「そうじを毎日のルーティンに組み込んでしまえれば、考えなくても無意識に手がサッと出るようになる。たとえるなら食後の歯磨きみたいになるのがいい。考えなくても自然に体が動くし、しないとなんだか気持ちが悪い。それと同じ感覚でそうじもルーティンになっているのがベスト」

夕食の後に、食器を洗ったついでにガスコンロそうじも、と小さなそうじを毎日の暮らしの中でルーティン化してしまえば、大きな汚れにならずにそうじの時間も短縮できるし、ストレスもなくいつの間にか終わっているというわけです。

「そうすると、1日のうちにそうじにあてている時間って秒単位で測ったら

トータルで5分もかかっていないかも。だから気負わずできるんです」

シンプル化で夫も手伝いやすく

　家事のシンプル化のメリットはほかにもまだあります。

「シンプルな暮らしをするようになって、夫が家事を手伝ってくれることが増えたように思います。例えば、今、洗濯は夫の担当なのですが、それも簡素化したことによって、『これなら僕にもできるかも』と思ってもらえたから。毎日干すモノが違うとどこに干していいか頭を使うことになる。だから我が家は毎日同じモノを干す。同じ下着、同じタオル、同じ靴下。洗濯のフォーメーションが決まっていれば、干す場所もいつも同じでいい」

　そんなマキさんですが、このスタイルの暮らしにたどり着くまでには時間がかかったそうです。

「10年ぐらい前はまだ家事を自己満足でやっていた時期で。今思えば、だいぶ複雑でしたね。わたし自身も雑誌で見た突っ張り棒を買ってみたり、モノをいかに上手におさめるかと考えてしまっていたのでモノ自体は結構たくさん持っていました。でも、結局それが家事を複雑にしていた原因でした」

　転機は次女の妊娠・出産でやってきました。「ひとりだけでも育児＆家事の両立は大変なのに、ふたりになったらこの先もたない！」と思い、生活の変革を意識するように。

「妊娠中にモノを捨てはじめて、さらに出産で家を空けている間にミニマリ

PROFILE

シンプルライフ研究家 マキさん

東京都在住。夫と7歳と12歳の娘との4人暮らし。広告代理店勤務のワーキングマザー。不要なモノは持たないシンプルな暮らしを綴ったブログ「エコナセイカツ」主宰。著書『しない家事』(すばる舎)や『母から子に伝えたい 持たない四季の暮らし』(大和書房)、『虫のいい家仕事』(宝島社)など、累計発行部数は24万部を超える。全国のNHK文化センターでの講演活動や、アパレルブランドとの商品コラボなど、幅広く活躍中。2021年1月に新刊『なくす家事』(KADOKAWA)を発売。

ストである夫にモノを捨てられて(笑)。ただ、そこでモノがないほうがそうじも家事も楽だぞってことに気づきました。それで産後にひたすら自分にとって本当に必要なモノは?と考え、モノを減らしたら迷うことがなくなって、すごく楽になったんです」

　人は迷うから時間が取られる。頭と体を切り離し、迷うことなく家事を進められる生活に切り替えたことで、気持ちもスッキリしたそうです。

シンプルライフはブレない

　2020年、コロナ禍によってさまざまな価値観の変化がありましたが、そんなときにもマキさんは〝シンプルライフ〟の大切さを説きます。

「家事を簡単&シンプルにして、ストレスなくやることは、いつの時代、どんな環境下にあってもブレない価値観なんだなと。わたしのやっていたことは間違っていないんだという証明になったと思っています」

　その上で、マキさんは世の中に「今のそうじの常識はやりすぎなのでは」と提言します。

「便利なそうじグッズなども豊富にある時代だけに『キレイにしなきゃ』『この汚れにはこの洗剤を使わなきゃ』と思い込んでいる方が多いと思いますが、一度立ち止まってみてほしい。家族が心地よく毎日を過ごせるぐらいのそうじならそこそこでいい。自分の気持ちに正直に、やりすぎない程度のこそうじを意識すると気持ちも時間も余裕ができるはずですよ」

マキさんの教え

毎日こそうじを極める

コツ①
〝いつのまにかそうじ〟を徹底化

コツ②
100点を目指さず、60点で満足する脳に

コツ③
そうじは汚れが目につきやすいメインの部分から

コレやめた！

そうじしなきゃと思ってやろうとするとすごく億劫になる。それならば、歯磨きをするのと同じように毎日ルーティンでやってしまいましょう。

左

バスマットに使ったリネンタオルで床も拭く

バスマットに使ったリネンタオルで床を拭き、髪の毛などのゴミもそのまま床の段差の下へササッと落として、あとはルンバにおまかせ

右上

除菌ウェットシートでササッと

拭きそうじはテーブル横に置いたウェットシートで済ませる。ダイニングテーブルはもちろん、冷蔵庫の中のそうじもこれ1枚でOK

右下

不要なDMは今すぐストップ

そもそものゴミを減らせばそうじも楽になる。必要のないDMはそのまま「DM不要」と書いてハンコを押してポストに投函

何かのついでに ササッと〝こそうじ〟を！

こそうじの極意はずばり、〝何かのついでに済ませてしまうこと〟です。そうじの時間をわざわざ取るのではなくて、気づいたときにササッとするのが理想的。

ダイニングテーブルもウェットシートでササッと拭いてしまう。2枚目まで使ってやろうと思わなくてOK。完璧にキレイにしようとせず、60点ぐらい＝1枚で拭ききれるところまででやめていいんです。

細かなところまで全部を完璧にしようとするとやる前から疲れてしまうので、まずは汚れの目立つメインのところから進めるのがポイント。キッチンやテーブルなどが片づいているだけで、部屋全体はキレイに見えるものです。

マキさんの教え

洗剤はシンプルがいい

コツ①
手も皿も洗える万能な液体せっけん

コツ②
本当に使える〝名脇役〟だけを揃える

コツ③
目障りではないボトルを選ぶ
（またはラベルオフ）

コレやめた！

基本的にラベルオフして活かせるボトルはそのまま使用。容器の詰め替えも、ひと手間になるので極力なくして、今使えるモノはそのまま活用。

そうじに欠かせない少数精鋭たち

洗濯洗剤

洗濯は夫の担当なので、夫の希望で液体洗剤に。それまでは粉せっけんを使用していました

酸素系漂白剤

布や上履きの漂白、半渇きの臭い取り、洗濯槽のカビ取りなど、臭いや汚れが気になる部分に使用

キッチン用液体せっけん

キッチン用ではあるものの、ハンドソープにも使用。我が家では用途が広く、第一線で活躍する洗剤

トイレクリーナー

頑固なトイレの汚れにはスクラビングバブル。トイレは3日に一度、便器や床のそうじを

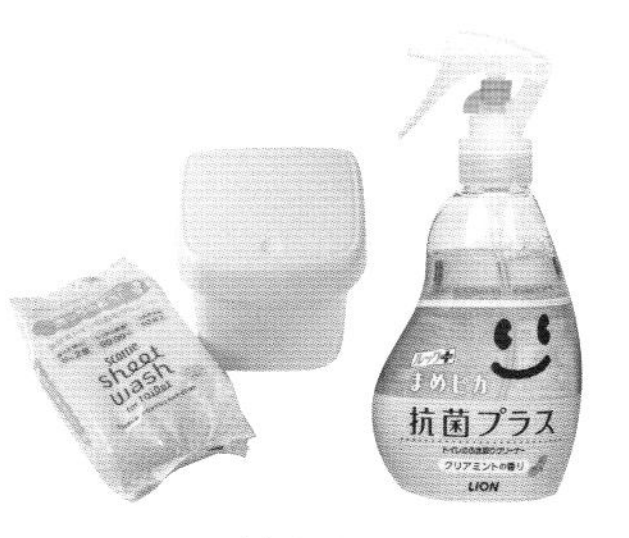

トイレの拭き取りクリーナー

トイレまわりのそうじはまめピカと流せるシートで。汚れにひと拭きの手軽さが◎

アルカリウォッシュ

ガスコンロの油汚れや布ナプキンの洗濯など、頑固な汚れにはナチュラル系のセスキ水を

兼用できるモノはまとめてスペースを空ける

洗剤はいろいろ試してみた結果、行きついたのがこのラインナップです。いちばんのポイントは、キッチン用の液体せっけんをハンドソープとしても使用しているということ。「キッチン用なのに？」と思われるかもしれませんが、手荒れもなく、ストレスなく使えています。

それ以外のカビ取りや頑固な汚れなどには酸素系漂白剤やセスキ水を使用しています。「排水溝専用」など、ピンポイントの洗剤はなるべく買いません。逆にどれだけ兼用できるかで引いて考えることがポイント。

あと、洗剤のボトルはできるだけラベルオフできるモノを選んでいます。目につくものだから、そのひと手間は大事ですよ。

マキさんの教え

道具と収納場所はセットで考える

コツ① 道具に頼らないそうじを心がける

コツ② ゴミ箱は家にひとつ

コツ③ 収納は3歩以内でサッと取り出せる位置に

コレやめた！

ホコリ取りにハンディモップを利用する人も多いと思いますが、我が家はなし。古くなった靴下やバスタオルで代用しています。

マキさんのそうじグッズ

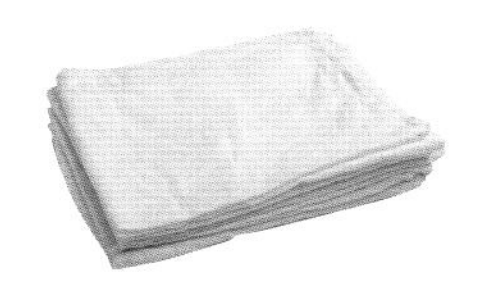

リネンのタオル

食器拭きやお手拭きなどいろいろなものに利用できるリネンタオル。ついでにコンロや鏡なども拭いてから洗濯機へ

ティッシュ

ティッシュは箱なしのモノを購入し、専用ケースに2段にしてしまう。排水溝のそうじもティッシュで十分

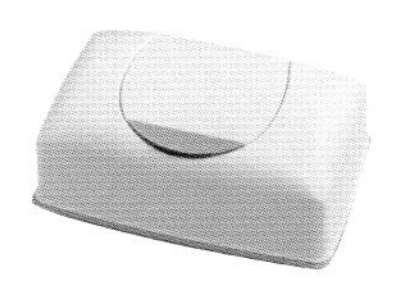

除菌ウェットシート

ダイニングテーブルの拭きそうじ（→p.065）はもちろん、冷蔵庫の中のそうじもこれ1枚で。コロナ対策にも◎

スティックタイプそうじ機

チェストの下や玄関など、ルンバで取りきれない場所にはスティックそうじ機を使用。3日に一度ぐらいの使用頻度

ルンバ

基本の床そうじはロボットそうじ機のルンバにおまかせ。1日に一度、部屋をまわってそうじしてくれる

ゴミ箱

家で唯一のゴミ箱はキッチンに置かれた大きめのモノ。生ゴミも入れるのでふた付き＆大きめであるのがポイント

そうじグッズはアレコレ持たないが鉄則

そうじ道具についての基本の考え方は「道具に頼らない」「普段使っているモノを兼用してそうじ道具に使う」ということです。その目的だけにしか使えないピンポイントのそうじ道具は買いません。

リネンタオルなら、ハンドタオルとして使った後、入浴時のバスマット替わりになり、最後には洗面所のシンクや床の拭きそうじにも使えるなど、兼用できればできるほど、モノは減らせるのです。

また収納は「基本的に3歩以内」が鉄則。テーブルの横の窓に除菌ウェットシートを置くなど、使う際の動線を考え、取り出す＆しまうが面倒にならないように意識しています。ムダな動きがないように工夫しましょう。

マキさんの教え

空気のめぐりを意識する

上　**仕切らない部屋**

ダイニングとリビングはあえて仕切らずに使用することで、意識せずとも家中の空気が循環する

下　**クローゼットはオープンに**

寝室横のクローゼットは扉で仕切らずオープンに。手前はオンシーズン、奥がオフシーズンのモノ

部屋は仕切らず、空気を24時間循環させる

我が家は東西南北の四面採光の造り&部屋をあまり仕切っていないので、空気がこもらず、風の通りもよく、とくに意識せずとも自然に空気が循環しています。

ただ、それでも湿気がたまりやすい場所はそれなりの対策をとっています。例えば、浴室は24時間換気をすることでカビの発生を防いだり、クローゼットはオープンにすることで空気がこもらないようにしています。開放感もあって、一石二鳥です。

マキさんの教え

水まわりは〝サッと拭いて終わり〟

毎日拭くから汚れもこびりつかない

わたしの水まわりそうじのポイントは、〝ついでに済ませる〟ということ。トイレに入ったついでに、気になったときにウェットシートでサッと拭いたり、手を洗ったあとのハンドタオルで洗面台の鏡や蛇口を拭いてしまいます。それを毎日ルーティンにしてやっていると汚れが残らない＝大がかりなそうじが必要なくなります。欲張らずに小さな日課をコツコツやっていれば、水まわりだって、おそるるに足らず！なんです。

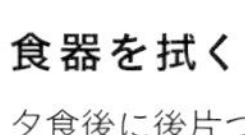

食器を拭く

夕食後に後片づけをして食器を拭いたリネンタオルで、ササッとコンロもひと拭き。

洗面台まわりはまめに

洗面台まわりの蛇口や鏡は、手を拭くハンドタオルを使い終わった段階で毎日、拭きそうじ

マキさんの教え

除菌・消臭はゆるゆると

コーヒーかすで消臭対策

トイレのコーナーに置かれているのは、使用したコーヒーかす。消臭用に何かを買うことまではしないのがマキさん流

除菌シートでポイッと

ダイニングテーブルや冷蔵庫はウェットシートで拭きそうじ→そのままポイッと捨てて除菌も完璧

いつもやることをいつも通りやるのが大事

コロナ時代が到来して、除菌の大事さが見直されています。わたしもこれまで以上に除菌についての意識が高まりましたが、やっていることはこれまでと変わりません。もともとテーブルも除菌ウェットシートで拭いていたので、それを徹底しています。

消臭対策も特別なことはしていなくて、コーヒーかすをトイレに置くぐらいのゆるさ。カビ対策は浴室の24時間換気（p.071）のほか、排水溝はカビキラーでたまに漂白しています。

マキさんの教え
ついでそうじは明日のご褒美

ハンドソープで洗面台を洗う
手を洗い、泡がついている状態で洗面台のシンクをこすってキレイに。これぞ「ついで」の最たる例

泡のついた手で洗面台をこすって終了！

「ついで」「ながら」を抜きにはわたしのそうじは語れません。ハンドソープで洗面台を洗ってしまうのは「ついで」のわかりやすい例。ある意味、合理化は徹底してやっている気がします。

例えば、次に使うときに便利なように、しまい込むような収納はしない。毎日使うからエプロンもキッチンにかけるだけ、リネンタオルもキッチンシンクの上にひょいと置くだけ。そうすることで次に使うとき、取り出しやすくなるのです。

CHECKリスト

毎日のこそうじ以外に覚えておきたい「週に1回」「1～3カ月に1回」「半年に1回」「1年に1回」のおそうじリストをマキさんに分類してもらいました。

週に1回

- □ 玄関の掃きそうじ
- □ テレビの棚の上のホコリ取り
- □ 寝室、こども部屋などのホコリ取り
- □ ドアノブや電気のスイッチなど頻繁に触る箇所
- □ シンクの水垢取り
- □ 冷蔵庫の中
- □ 排水口
- □ お風呂のゴムパッキン
- □ お風呂の壁
- □ 廊下や階段
- □ シーツの洗濯

POINT

冷蔵庫の整理整頓は、週に一度の生協が届く前と、冷蔵庫が空になったタイミングでまとめてやっているそう。毎週やっていれば、除菌ウェットシートでサッと拭くくらいでも十分キレイになります。

おそうじルーティン

1～3カ月に1回

- □ 玄関の拭きそうじ
- □ 床の水拭き
- □ カトラリーなど引き出しの中の整理整頓&水拭き
- □ 電子レンジ
- □ コンロ下の引き出しの水拭き
- □ 押し入れ、クローゼットの整理
- □ ソファーカバーの洗濯
- □ カーテンの洗濯
- □ シャワーヘッド
- □ エアコンのフィルター
- □ ドアの拭きそうじ

POINT

面倒なカーテンの洗濯もマキさんのお宅では、もともとシーツとして売られていたリネン生地をクリップフックを使ってカーテンにしているので、取り外しもしやすく、洗いやすく、乾くのも早い！

半年に1回

- □ 下駄箱の整理
- □ 換気扇、レンジフード
- □ 洗濯槽洗浄
- □ カーテンレールのホコリ取り
- □ ベランダのデッキ
- □ ゴミ箱の水洗い&天日干し
- □ 観葉植物の手入れ
- □ こどもの学用品の整理
- □ エアコンの室外機（使いはじめる前の5～6月、10～11月）

POINT

気にはなるけど、ついつい先延ばしにしてしまいがちな項目が多い印象。「よく晴れた休日の、何も予定のない日に『えいや！』とやってしまいたいものばかりですね」とマキさん。

1年に1回

- □ 床のワックスがけ
- □ 本棚の整理
- □ 布団のクリーニング
- □ 照明器具の汚れ取り、水拭き
- □ 窓拭き
- □ 網戸、サッシ
- □ 大物家具のホコリ取り
- □ 天井のホコリ取り
- □ 空気孔の拭きそうじ

POINT

年に一度の大そうじは、家族みんなを巻き込んでの家族イベントとしてやるのがおすすめなのだとか。確かに照明器具など高い場所のそうじはお父さんに、床のワックスがけも家族みんなでやれたら楽しいかも？

みんなの新しい暮らしの習慣

COLUMN

01

整理収納アドバイザー
かほさん

PROFILE

2016年に整理収納アドバイザーの資格を取得。週4ほどパートをしながら、収納にとどまらず、育児や夫婦のこと、暮らし全般にかかわるメッセージを気ままにInstagramに投稿しています。

kaho_no_okatazuke

① そうじをする上でのマイルールは？

毎日続けると決めたなら毎日続ける。1年以上続いていることなら自分に合っているということ。続かないことは自分には向かない、と諦めます。

② そうじが面倒になったときはどうする？

面倒でやりたくない感情が湧いたら諦めて、執着しません。パートに行く日は家を出る8時半までに終わらせないといけないのでかなりのスピードで家事をこなします。パートが休みのときは家族が出掛けてからゆっくり朝食をとり、テレビやスマホを見てダラダラしているので、なかなか家事に取り掛かれないです（笑）。

③ 毎日のそうじに欠かせないものは？

- 毎朝洗面台の蛇口、シンクをスポンジでこする、タオルで拭く
- トイレそうじは1階トイレと2階トイレを交互にそうじする
- ルンバでリビングダイニングをそうじする
- マキタのそうじ機でゴミに気づいたらそうじする
- 毎晩キッチンのシンク、排水溝のそうじをする。五徳を洗い、コンロまわりをセスキ水でそうじ

④ そうじにまつわる新習慣は？

トイレそうじの頻度があがりました。コロナウイルスはトイレで接触感染するリスクが高いと聞いたからです。トイレを清潔にすることはノロウイルスにも効くので続けていきたいですね。

写真提供＝かほさん

＜そうじ編＞

02

整理収納アドバイザー
佐々木奈美さん

PROFILE
広島在住。築9年の戸建で夫と3兄弟と5人暮らし。雑誌掲載、オンラインレッスン、webコンテンツではコラムを執筆。暮らしのムダに着目した、時短家事、家事効率化を発見する「整理収納アドバイザーのお片付けノート」連載中。
nmmc73

① そうじをする上でのマイルールは?

そうじが苦手な自分のために、そうじをひとつの動きで楽に済ませることができるような仕組みづくりをしています。例えば、朝こどもを見送ったついでに玄関の掃きそうじ。玄関ドアの横に吊るしてあるほうきで砂ボコリを外に出す。ちりとりは持たず、庭の土に戻します。モノの置き場所と動線でムダな動作を省くなど、ひとつひとつのハードルを下げることで、自分に楽をさせてあげます。

② そうじが面倒になったときはどうする?

サボります(笑)。もしくは、家族にお願いします。体調を崩したとき、忙しくて回らないときなど、毎日は順調な日ばかりではないから、そんな日くらいは汚部屋でもいいかなと気楽に過ごします。

③ 毎日のそうじに欠かせないものは?

なんでも形から入るほうなので、苦手なそうじにこそインテリア性と実用性を兼ね備えたお気に入りのそうじ道具をとことん探します。お気に入りのブラシを使う楽しさが、そうじの億劫さに勝っているというのが秘訣かもしれません。

④ そうじにまつわる新習慣は?

ステイホーム中、家が暮らしの軸だと気づかされ、こどもに家事をたくさん教えました。「学校でそうじをするのと同じように、家も住んでいるみんなでそうじする」。こどももそうじの基本を覚えたら、将来生きていくために役に立つはずです。

写真提供＝佐々木奈美さん

CHAPTER 4

食を意識する

食べることは体を作ること。健康のために、自分のために、そして家族のために、毎日口にするモノだからこそ、とくに気を遣いたい部分です。とはいえ、そうじと並んで、料理は毎日の家事の中でも大変な労力がかかる作業であることも事実。しかも、こだわろうと思えば、無限にがんばれてしまうものでもあります。それを好きでストレスなくできてしまう人はいいですが、仕事も育児もと並行してやる中で理想を追い求めすぎると、疲れてしまいます。

大事なのは、毎日のことであるという点。だから、体にいいモノをおいしく食べることを軸にしつつ、がんばりすぎないがモットー。素材の味を活かし、調理の手間をうまくカット。それでも四季の恵みが食卓に並ぶ、そんなことを意識したい。ここでも3章に続き、シンプルライフ研究家のマキさんにお話を伺います。

CHAPTER 4 —— INTERVIEW

シンプルライフ研究家
マキさんに聞く

食の考え方

素材の味を活かし、シンプルな調理法で味わう

食に関してマキさんの軸になっているのは〝シンプル〟であること。しかし、「食は自分の中での楽しみにもなっているので、ただ食べられればいいというわけにはいかない」と考えたマキさんが着目したのが、〝素材の味を活かすシンプルな調理法〟でした。

「もともとわたしの実家が農家なので、小さい頃からおいしい野菜を食べて育ってきていて。それもあって、いろんなモノを足して足してできた複雑なおいしさより、引いて引いての引き算のシンプルなおいしさが自分には合うなと思ったんです。野菜本来の味がしっかり感じられるようにゆでるだけでも、旬のおいしい野菜なら立派なひと皿になるんですよね」

きゅうりもサラダにしてドレッシングをかけて食べるより、少しの味噌をつけて食べる、そのぐらいのシンプルさのほうがきゅうり本来の味をしっかりと感じられる。しかも、そういうシンプルな食べ方をすると料理の工程もシンプルになり、後片づけまで楽になってまさに一石二鳥というわけです。

「旬のモノをいちばんおいしい時季に。わたし自身の食の原体験がそこにあるんです。そういうふうに親から育ててもらったからこそ、季節の感覚が身についたと感じます」

トウモロコシは夏のお楽しみ。缶詰のコーンは買ったりせず、旬の時季に、ゆでたままを味わうことがマキさんのこだわりなのです。

「『もうトウモロコシ飽きたよ』と娘にいわれることもありますが、そういうときは『しょうがない、だって夏だもん』と返します。いっているうちに季節が変わり、次の旬のモノが食卓に並ぶので。そうやって季節の感覚が身についていくのも食育のひとつだと思っています」

献立フォーマットを決める

　マキさんは料理を簡単にするための時短テクニックをふたつ取り入れています。そのひとつが〝平日の献立フォーマット化〟です。平日は仕事に育児に忙しいため、少しでも時短で作れるように考え出したという「献立フォーマット」。晩ごはんは白いお米とお味噌汁、フライパンひとつでできるメイン料理と決めています。スタートダッシュの流れのルーティンはいつも決まった動作なので、手が無意識にでも動くのがいいと話します。

「複雑な料理は時間のある休日に作ればいい。平日はいろいろとやることがあるし、頭を使う料理を作る余裕はない。頭はこどもと話したり、仕事のことを考えたりに使いたい。だからなるべくシンプルに、後片づけも楽に。行動と頭を切り離して、考えなくても無意識に手が動くようにフォーマット化しているんです」

　今日はパスタ、今日は鍋とメニューが変わると、使う道具や動作が変わってしまいます。そうなると頭を使って料理することになるけれど、毎日同じなら何も考えなくても、お米を研ぐ↓

火にかける→お味噌汁を作るという流れが自然にできるというわけです。

もうひとつの時短テクニックが、〝まとめ買い&半調理〟。宅配サービスで週に一度届く食材は、下味をつけたり、使いやすい大きさにざっくり切っておいたり、ブロッコリーや青菜をゆでておくといった具合に、下ごしらえしてから保存するのです。

「わたしは、冷蔵庫を開ける瞬間まで頭の中で『晩ごはん、何作ろう』なんて考えない。冷蔵庫を開けて食材を見て『そうそう、これ作るんだ』と理解する状態にしているんです。たとえていうなら、半調理でお手製ミールキットを作っているような感覚。そこに頭を使うのをやめられたのは、半調理のおかげです」

報われない料理はやめた

今ではシンプルな調理を好むマキさんですが、10年ぐらい前は料理も複雑だったと振り返ります。

「以前は雑誌を見て、肉じゃがを作り、それをコロッケにリメイクしたりと一生懸命にマネしたこともありました。ただ、やってみるとなんか報われなくて。それでも、いい主婦目指してがんばらなきゃいけないんじゃないかと思い込んでしまっていました。そんな中、次女が生まれるタイミングで、モノを捨ててそうじが楽になったことで、料理にも意識が向くようになり、添加物などを気にするようになったんです。そこで、シンプルな調味料で素材を活かして調理をしようという考えになっていきました」

揚げ物やパンなど苦労のわりには報われない料理。そういうモノは、プロに頼ろうと、自分で作る料理を厳選するようになっていったそうです。

「ゆで卵と目玉焼きは作るけど、卵焼きは作るのやめようとか、これは作る作らないという決まりを自分の中で作ったんです。栄養素はほぼ一緒だけど、手間が全然違うので。家で作らないモノはプロに頼る。逆に〝家で食べれないモノ＝外食〟となり、外食の楽しみも生まれましたね」

もっと楽でいい

マキさんが今、世の中の人に伝えたいこと、それは〝複雑な料理の呪縛からの解放〟だと語ります。

「素材をそのまま活かすのが苦手な方が多い気がしていて。ケチャップにソースに隠し味で砂糖とか、どんどん複雑にしていく。でも、両面焼いて、塩・コショウでもおいしいぐらいの素材を選べば、それだけで十分おいしい。つまり、素材を引き立てるための引き算を考えればいいんです」

素材本来の味わいがシンプルに伝わる料理＝調理は、最後の洗い物まで楽になる。マキさん曰く「究極はお刺身。素材を切るだけで、フライパンも何も使わない。あの感覚で料理をすると、すごく楽」だと力説します。

「わたしが作っているモノで難しいモノはなくて、簡単だから続けられる。食べる楽しみは残しつつ、大変さから解放されると毎日が楽になりますよ」

マキさんの教え

冷蔵庫マスターになる

コツ①
小さめ冷蔵庫で全部見渡し、ムダなく

コツ②
冷蔵庫に入れる前にかさ減らし

コツ③
宅配サービスで週に1回のまとめ買い

コツ④
冷凍庫は時間軸で保存場所を分ける

コレやめた！

スーパーへの買い出しは8割やめました。毎日の買い物になるとそれは労働。新鮮なお刺身など、宅配では買えないモノを探しに行く“お楽しみ”にしています。

左下

冷凍室

上段が朝、中段が昼（とおやつ）、いちばん下は夜に使うモノを分けて収納しているので使いたいモノがすぐ見つかる

左上

ドアポケット

コンロの後ろに冷蔵庫を配置し、料理で使う頻度の高い調味料はドアポケットに並べて取り出しやすく

右

冷蔵室

使いきりたいモノをいちばん面積の広い場所＝いちばん目につき、手に取りやすい場所に置いている

ムダなく、効率よく、小さめ冷蔵庫がいい理由

我が家の冷蔵庫は小さめで一般的にはふたり暮らし用のサイズなのですが、パッと全体を見渡せるし、食材を溜め込まずに使いきるのにはちょうどいい大きさです。

食材は週に一度、宅配サービスの生協「生活クラブ」が届きます。届いたその日にまとめて、ある程度の下ごしらえをしてしまうのも特徴。ゆでたり、切ったりしてかさを減らすと小さめ冷蔵庫でも1週間分の材料がきちんと収納できます。

冷凍室は朝使うモノは上の段、夜使うモノは下の段という感じに、時間軸で分けて収納しています。そうすることで、冷凍庫から取り出すときにも「あれ、どこだっけ?」と悩むこともありません。

マキさんの教え

食材の保管方法を再カクニン

コツ① 買ったときに、まとめて半調理

コツ② 下ごしらえしたモノは極力、冷凍保存しない

コツ③ 食料保存袋をフル活用

コレやめた！

なるべく調理の手間を省きたいので、ひっくり返す手間の多いコマ切れ肉や一緒に使う食材もみじん切りにすることの多いひき肉は使用しません。

半調理が明日の家事を楽にする

週に一度の下ごしらえの半調理にかける時間は15〜20分程度。このひと手間で平日はぐんと楽に

キャベツはざく切り

キャベツは用途によって、太めのせん切り、ざく切りなど切り方を変えて切っておくと次に使うときに便利

油揚げは1cm幅に

油揚げは使うたびに切ると包丁も油がつく＝洗い物が大変に。なので一度に切っておく

ねぎは4等分

長ネギはみじん切りや斜め薄切りなどさまざまな用途に使うので4等分にして、冷蔵庫に入る大きさに

週に一度の〝半調理〟が勝負のポイント

我が家は1週間分の食材がまとめて届くので、ロスを出さないように、気をつけています。その最たる例が〝半調理〟での下ごしらえ。

ブロッコリーはゆでておく、野菜はざっくり切っておく、肉は下味をつけておくなど、下ごしらえをまとめてやっておくことで、包丁やまな板を出す回数を減らすことができる＆その段階でだいたいのメニューのイメージがつく。そして何より、その食材を次に使うときのひと手間を減らすことができるので、料理がぐっと楽になるんです。

なお、冷凍庫に入れるモノも厳選するように。冷凍で届いた品など以外はなるべく冷蔵保存にして、2〜3日で食べきります。

マキさんの教え

調理器具を見直す

コツ①
用途がかぶるモノは持たない

コツ②
ひとつの調理器具を片づけながら調理

コツ③
ワンアクションで取り出せる・しまえる

コレやめた!

揚げ物は調理も、調理後のそうじも大変。そのわりに報われない料理。だから揚げ物を作るのはやめました。お肉屋さんのコロッケには敵わないので。

キッチンツールはそれぞれひとつの法則

フライパン、鍋、片手鍋、ザル、ボウルなどはもちろん、おたまなどのキッチンツールも含め、調理器具はそれぞれひとつずつしか持っていません。フライパンは蒸し器としても使えるし、片手鍋はボウルとしても使える、そんな1台で複数の用途を兼用できる器具を揃えています。ザルもひとつしかないですが、半調理していることに加え、一度にあれもこれもと調理をしないので不便に感じることはまったくありません。

それぞれのモノは住所を決め、使ったら決められた場所に戻すようにしています。そのときのポイントはワンアクションで戻せる場所にすること。引っかけるだけ、置くだけなど、しまう手間もなるべく減らしています。

マキさんが使う全調理道具

(左上から時計回りに) 両手鍋／板を入れれば蒸し器にもなるフライパン／洗うのも楽、保存も楽な炊飯用土鍋／片手鍋はボウルにもなる／ザルとボウル／キッチンバサミ／菜箸／おたま／日本橋木屋の包丁／フライ返しとしても使うしゃもじ／ピーラー／スライサー

マキさんの教え

時短につながるお皿の選び方

コツ①
少数精鋭の布陣で挑む

コツ②
毎日出番があるものだけを残す

コツ③
オープンラックにおさまるだけしか置かない

コレやめた！

取り出すときに扉を開けて、片づけるときにもまた扉を開ける食器棚。そのひと手間が大変なので食器棚はやめ、オープンラックに収納。

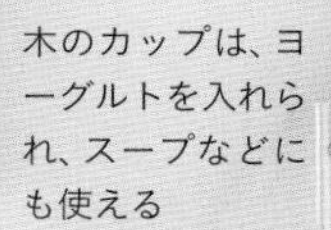

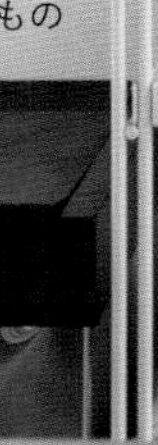

オープンラックのメリット

- 何がどこにあるか一目瞭然
- しまいやすく、取り出しやすい
- お気に入りの食器の世界観を“見せる収納”できる

木のカップは、ヨーグルトを入れられ、スープなどにも使える

カップはブルーと白を2個ずつ。来客用にも使用

ガラスのフリーカップはデザートにも使え、グラスにもなり、多用途に使える優れもの

1段目
フリースペース。早めに食べないといけないモノなどを置く

2段目
晩ごはんで使用するモノ（お椀や茶碗など）を収納

3段目
朝ごはんで使用するモノ（木のプレートなど）を収納

4段目
使用頻度がやや低い丼のほか、大きめの平皿など

毎日使うから、ホコリがたまる暇もなし

我が家の食器は全部で37個。何が何枚あるか、完璧に頭に入っています。そのぐらいまでに数を絞り、オープンラックに収納しています。

「オープンラックはホコリが溜まるのでは？」とよくいわれますが、少数精鋭だけに使用頻度が高く、ほとんどのモノを1日に一度は使うので、ホコリが溜まる暇がないのです。収納は朝と夜の時間軸で分けています。朝使うモノ、夜使うモノで分けておくだけで、考えなくても手が動くのですぐに取り出せます。

食器を入れ替えるときに考えることは「楽になるか」「時短になるか」ということ。その視点で合格したモノだけを購入していけば、ムダに食器を増やさずにいられます。

マキさんの教え

自分で作れる調味料

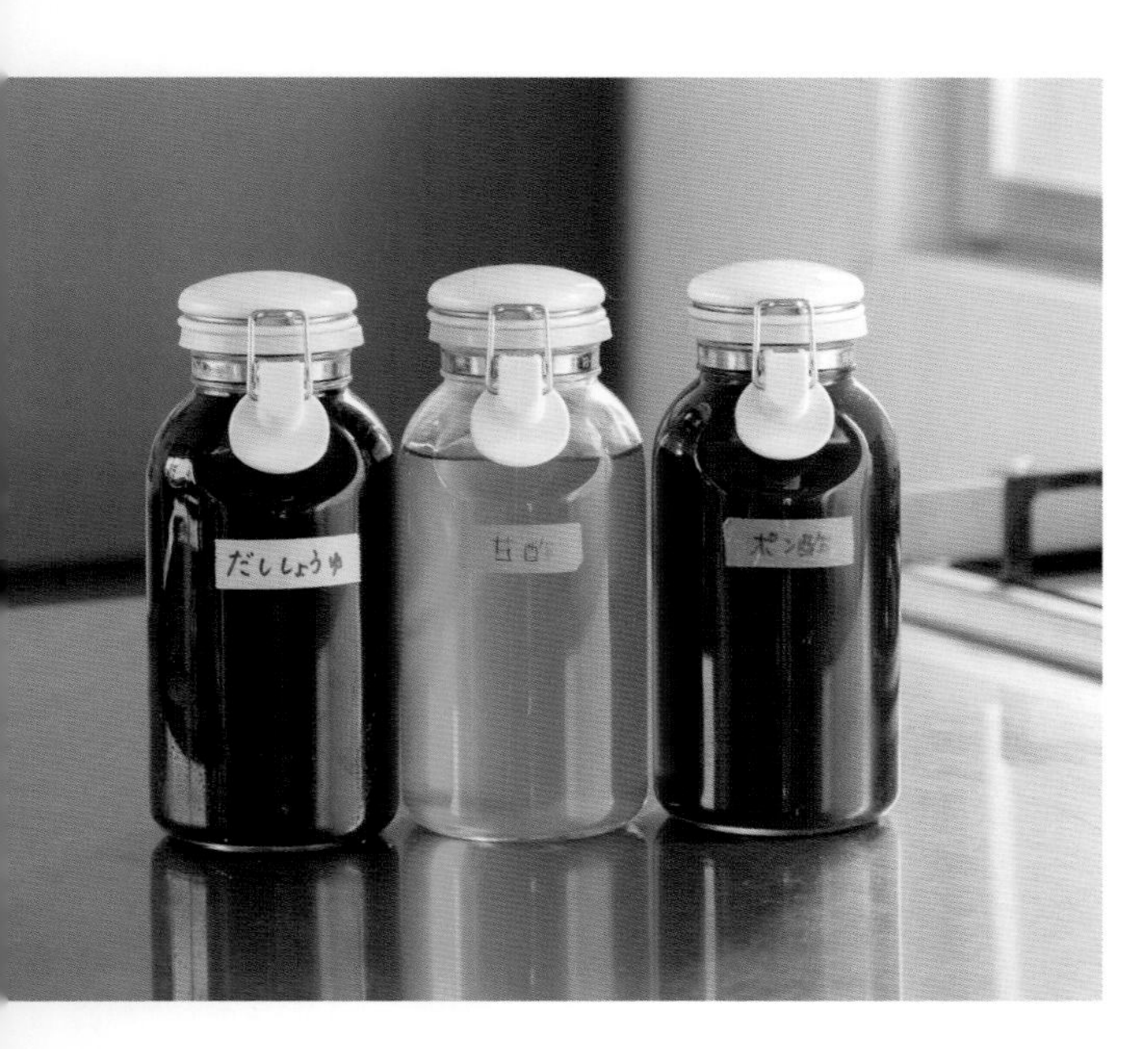

だししょうゆ

しょうゆ・みりんを2：1で入れ、そこにだし用の昆布を加えるだけ。卵かけごはんや食卓用として使用

甘酢

酢150mlに砂糖50gを入れてかき混ぜるだけで完成。野菜のピクルス液としてや、マリネなどに使用

ポン酢

ゆず酢としょうゆを同量ずつ加え、出汁用の昆布を加えるだけ。お好みでみりんを30ml入れるとマイルドに

自分好みの味にできるシンプルお手製調味料

わたしの作るごはんは、調理法がシンプルなだけに、味の決め手となる調味料が重要。そのため、ポン酢やだししょうゆなどは自家製です。

自家製というと、手間がかかりそうですが、「しょうゆとみりんと昆布を入れるだけ」など、簡単なのが前提。自家製の安心感&おいしさも決まるので一石二鳥です。作っておいたタレなら、料理のたびにいちいち必要な調味料を取り出すことなく、工程を減らすこともできるのです。

マキさんの教え

困ったときのストック食品

時間がないときのお助けストック食品

晩ごはんをフォーマット化することで日々の料理にかける作業はなるべく簡単にしていますが、それでもバタバタと忙しい日などには調理がほとんど必要ない、お助け食材に頼る日もあります。そんな困ったときのためにいつもストックしてある食品がこちら。

選ぶポイントは、「ゴミが出ないモノ」。インスタント麺もゴミが出るカップに入っていないモノや、捨てにくい缶や瓶ではなくパウチの食品など、意識するだけでゴミを減らせます。

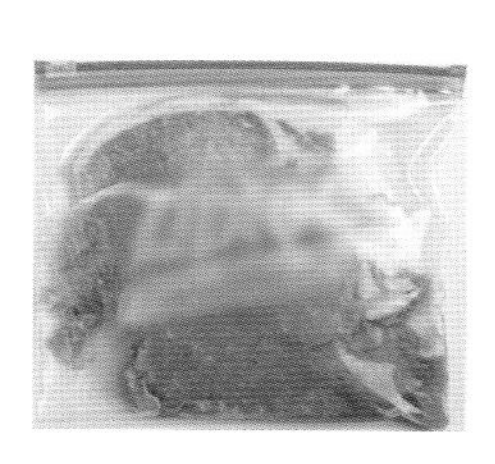

肉を漬けたモノ

豚のロース肉を人数分に切り分けて、味噌とみりんを加え味噌漬けしてから保存袋へ。食べたいときに焼くだけでOK

ノンカップ麺

生活クラブのノンカップ麺。袋包装なのでゴミも減らすことができ、コンパクトに収納できるところがお気に入り

箱なしのレトルト

缶や瓶よりゴミが少ないパウチのモノが便利。麻婆豆腐など複雑な調味料が必要なモノはレトルトを利用することが多い

マキさんの教え

料理は時短でいい

コツ① 考える前に手が動く仕組みを作る

コツ② 〝定番フォーマット〟を決める

コツ③ 手を伸ばせば届く動線

コツ④ 平日と休日で料理の差をつける

コレやめた！

電子レンジ調理は楽と思いがちですが、我が家はキッチンの動線的にも面倒。そうじも大変なので料理にはほとんど使いません。

コンパクトなキッチンでスッキリ

「振り向くだけ」「しゃがむだけ」など、ほとんど歩かずして、ワンアクションで取り出せることがキッチン動線の基本

フライパンの隣に油

フライパンを使うときは油も使う、そういうセットものはそばに置いておく

片手鍋の隣に出汁パック

味噌汁には鍋と出汁パックが必要になるので、水に近いシンク下にセットで収納

平日の主菜はフライパンひとつで作る

時短テクニックにおいて大きなポイントは、平日は同じフォーマットでごはんを作るということ。複雑な料理は休日にして、平日の夕食は〝ごはん、汁もの、フライパンひとつで作るメイン料理〟の3つが基本。もちろん使う素材は毎日変わりますが、晩ごはんを作るための一連の手順はいつも一緒。料理に使う器具も毎日変わらないので、頭を使わず、無意識に手が動きます。

そして、もうひとつ、キッチン内の動線もシンプル&便利であることを徹底的に考えました。調理器具をまとめるのではなく、用途を考えて少しでもスムーズな動線になるよう収納すると、使うときに便利でストレスがなくなります。

マキさんの教え

バランスのよい晩ごはん

20分以内にできる晩ごはん

半調理品は味つけ肉、浅漬け、ゆでスナップエンドウの３品。タコのお刺身も時短食材として活躍

半調理を利用するから20分以内で献立完成！

平日の晩ごはんは、主菜に簡単な副菜、そしてごはん、お味噌汁が基本ですが旬の食材をなるべく取り入れるようにしています。とはいえ、フライパンひとつで作れる＝焼くだけ、炒めるだけの料理がほとんど。ごはんを炊いているうちに、作れちゃうので時間にすると20分以内でできてしまいます。時短のコツは、まとめ買いと半調理にあり。副菜はトウモロコシをゆでるだけ、ミニトマトを洗うだけなどのとにかく簡単なものが多いです。

朝ごはんはセットで迷わず

マキさんの教え

ワンプレート朝食

ワンプレートに好きなパンや下ごしらえをしてある野菜を彩り豊かに盛りつけるだけ。食べすぎ防止にも

木製ワンプレートで手軽に栄養も彩りもよく

朝ごはんは、ワンプレートで完結する形が我が家の基本スタイルです。朝は何かとバタバタするので、洗い物の手間もなるべく減らしたいため、木製のワンプレートにパンとヨーグルト、サラダに旬のフルーツなどを盛りつけています。

ポイントは、火を使ったり、油を使ったりする料理はせず、冷蔵庫にあるモノだけで完成させること。手早く用意できて、それでいて彩り＆栄養バランスのとれるモノを意識しています。

マキさんの教え

こどものおやつもがんばらない

手作りラスク

パン耳を揚げた昔ながらの手作りラスク。
定番だけど、おいしくてコスパも◎

レシピを見なくても作れるモノでOK

こどもにはなるべく手をかけてあげたい。それが理想だけれども、それで仕事や家事がまわらなくなったら本末転倒。だから、おやつもがんばりすぎません。レシピを見て作らなくてはいけないようなおやつは作りません。

例えば、パン耳を使ったラスク、フルーツの缶詰を使ったゼリーなどが多いですね。もっといえば、旬のフルーツなら、それだけで最高においしく、ビタミンもしっかり摂れて立派なおやつになります。

マキさんの教え

おもてなしでも特別なことはしない

お気に入りのカップでひと息

いつも質のよい暮らしを意識した生活を心がける。そうすれば、
急な来客でも慌てず、いつも通りのモノでも十分におもてなしになる

〝来客用〟という考え方をやめました

〝来客のためのカップやグラス〟って場所を取りませんか？　毎日それを使うわけでもないのに、場所が必要になるのはムダだと気がつきました。

それ以来、我が家では〝お客様用〟という考え方をやめました。ヨーグルトやデザートを入れるフリーカップを来客時のグラスにするなど、多用途で使えるモノにしておけば、慌てる必要はありません。いつもの暮らしを質の高いモノにすることで、いつでもお客様を迎え入れることができるのです。

みんなの新しい暮らしの習慣

COLUMN

01

料理家・カフェディレクター
ケータリング

田中美奈子さん

PROFILE

「DEAN&DELUCA」カフェマネージャー、メニュー開発に携わり独立。オーナーシェフとバリスタを経て、カフェ店舗の商品開発やコンサルティング、フードコーディネーターとして活動。著書『ケータリング気分のBox Food』(文化出版局)発売中。
http://life-kitasando.com

① 「食」を意識するとはどんなこと?

わたしにとって食とは、栄養だけでなくメンタルのバランスをとること。どうでもいい食事をしていると体だけでなく、気持ちも乱れてきます。年を重ねても大好きな洋服をかっこよく着たいというモチベーションで、昔より意識して食事をしています。

② 食生活が乱れないために心がけていることは?

もともと代謝が悪く太りやすいので、週末など外食で食べすぎた分を平日でバランスをとり、1週間でリセットしています。基本的に1日2食で、1食プラス軽めの食事を1回のイメージです。炭水化物を減らして野菜とタンパク質を摂るよう心がけていますが、もともと肉は得意ではないので魚や大豆製品がメインです。

③ あなたにとって「食」とは?

体を作るモノ。仲間との楽しみ。旅行先の国や地域の味をリアルに体験して、日本で現地の味を再現するのも楽しみのひとつです。撮影現場などでのケータリングをやっている身としては、食事が現場の楽しみでありモチベーションだと伺っているので、楽しい会話につながり、いい撮影のお手伝いができているとしたら幸せです。

④ 「食」にまつわる新習慣は?

ケータリングでは取りわけスタイルの場合、個別包装にしていましたが、ほとんどがおひとり様ずつのお弁当に変わりました。コロナによる自粛期間は人気のスコーンを冷凍便でお届けし好評でした。

写真提供＝田中美奈子さん

<食編>

02

PROFILE

夫と小学3年生の娘と、シンプルで快適に楽しく暮らしている様子をInstagramで記録している主婦です。食べ物や器やインテリアの写真が大好きです。

momokan62

主婦
水野佑実さん

① 「食」を意識するとはどんなこと?

なんとなく食べていた毎日の食事ですが、母親になってから意識するようになりました。良質な油や、添加物の入っていないシンプルな調味料、手作りの調味料など、体にいいモノ、体が喜ぶモノをストイックにならずに、おいしいと思ったモノだけ続け、ゆるりと意識をしています。

② 食生活が乱れないために心がけていることは?

ついつい食べすぎてしまったときは次の日に必ずリセット。朝いちばんに白湯を飲み、粗食で必要な分だけの栄養素を摂ることを心がけています。

③ あなたにとって「食」とは?

幸福感のある食卓。ひとりの時間も家族や友人と食卓を囲む時間も、食べ物に合わせて器を考えます。気取らない献立もキレイだとおいしく感じるし、食事が楽しくなります。器は“食べる”という人の行為を支える道具であるだけでなく、日常を少し贅沢にし、気持ちを豊かにしてくれるモノです。

④ 「食」にまつわる新習慣は?

おやつの時間をより大切にするようになりました。娘と一緒に手作りをすると、一生懸命作る姿に感動するし、おいしさも倍増です！　メニューから器、テーブルの装飾や配置まで考えることで、娘の食べ物に対する興味や関心も深まり、親子のコミュニケーションにも最適でした。実際にカフェに行くより低価格だし、生活の質が向上したと実感しています。

写真提供＝水野佑実さん

CHAPTER 5

体を整える

40代に差し掛かると、体の不調が気になりはじめ、絶好調な日のほうが少ない、という声もちらほら聞こえてきます。腰痛、イライラ、もの忘れなどの悩みは尽きません。人生100年時代などといわれている今だからこそ、無理なく続けられるストレッチや運動を今からルーティン化して、健康的に元気よく年を重ねていきたいものです。

年に一度の人間ドックはもちろんのこと、日々のメンテナンスもとても大切です。忙しすぎて、体の不調に気づかなかったなんてことのないように注意が必要。日の光を浴びたり、体をできるだけ動かして免疫力を高めたり、疲れやコリを溜め込まないために日々できることはたくさんあります。ここでは、体の不調や悩みごとに合わせて、女性ホルモンバランスプランナー®の烏山ますみ先生に伺った今日から取り入れたい新習慣をご紹介していきます。

CHAPTER 5 —— INTERVIEW

女性ホルモンバランスプランナー®
鳥山ますみ先生に聞く

体の整え方

体からのSOSのサインを知っておく

だるい、肩が凝る、疲れが取れない……年々増えていく体の不調に対し、「もう若くないし、しょうがないか」と諦めていませんか？　そんな対応に、鳥山ますみ先生は「なんでも〝年のせい〟というのは思い込みかもしれませんよ」と、待ったをかけます。

「こうしたちょっとした不調は、『若い頃と同じようにはいかないよ』という体からのサインでもあります。ライフスタイルを見直したり、自分に合う対処法をとったりすることで、調子が戻ることも多いんですよ」

逆に、不調のサインを「最近忙しかったからかな」と軽く流したり、「たいしたことないから」と気力で乗りきったりしてしまうことで、後々大きな病気につながってしまう恐れもあるのだとか。

「社会に出ると、体調管理が基本とされるだけに、不調を隠そうとしてしまいがちですよね。ちょっとでも体調を崩すと、周りから『あの人はダメだ』と思われそうと不安になり、黙って耐えてしまう。でも、まだ対処ができる段階だからこそ、体は不調というかたちでサインを出すのです。

東洋医学にも〝未病〟という言葉がありますが、病気になる前にきちんとした対応を取ることが大切。こうした認識を、多くの方が持てるようになるといいですね」

では、体からのSOSのサインにはどのようなものがあるのでしょうか。鳥山先生が挙げるポイントは、次の5つです。

❶ むくみ

とくに膝下や足先など、下半身がむくみやすい人は、血の巡りがかなり鈍くなっている可能性があります。「以前履いていたパンプスが入らなくなった」「足の指が冷える」という場合も同様です。

❷ イライラ

イライラしてつい人に当たってしまい、後悔してさらにイライラする……というようにイライラのループにはまってしまうことも。心の不調が体の不調につながることも少なくないので、要注意。

❸ 睡眠時間

「朝、起きられない」という人は多いですが、心配なのは「朝方の早いうちに目が覚めてしまう」という状態。心身ともに疲れが溜まっている可能性があります。

❹ 便秘

若い人の便秘は、食物繊維不足など食べ物が関係していることが多いですが、30代以降の便秘は自律神経の乱れや、姿勢の悪さがクセになって腸を圧迫し、動きを鈍くしているといった原因も考えられます。

❺ 乾燥

乾燥というSOSは顔だけでなく全身の肌に表れます。「膝下が粉を吹くようになった」というのも、不調のサインかもしれません。

「どんな対処が心地いいか」を大事にする

こうしたサインへの対処法として、多くの人の頭に浮かぶのが〝運動〟と〝食事〟でしょう。

「女性の場合、運動は〝適度〟を心がけましょう。最近はトレーニングが流行っていますが、鍛えすぎると女性ホルモンが低下し、健康的とはいいがたい状態になってしまうこともあります。まずは、ストレッチから。体を伸ばすなどして滞った血液を流すとともに、歪みのない体にすることが必要です」

長時間のデスクワークなどで下半身の血の巡りが悪くなっている人の場合は、とくにストレッチを念入りに。腸腰筋（上半身と下半身をつなぐ筋肉）と梨状筋（お尻の深いところにある筋肉）のストレッチで股関節を動きやすくさせ、お腹からお尻まわりにかけた筋肉をほぐし、骨盤をゆるめていきましょう（p．111参照）。血流がよくなると体全体が温まり、代謝が上がってきて痩せやすい体質に変わっていくそうです。

「ストレッチに慣れてきたら、少しずつ運動を取り入れてもいいですね。ダンス、水泳、ウォーキングなど軽めの有酸素運動がおすすめです」

一方、食事へのアドバイスは、少々意外なものでした。

「基本的には、自分の食べたいモノを食べれば大丈夫です。心理学では〝特殊飢餓〟といわれるのですが、体に必要な栄養素が足りなくなると、人はその栄養が含まれるモノを自然と食べたくなるようになっているのです」

あまりに偏った食事になる場合は、日常的に足りていない栄養素がある可能性も。欲しくなる食物に含まれている栄養素を調べ、意識的に摂るといいかもしれません。

また、水分は「１日２ℓが目安」とよくいわれますが、お味噌汁や野菜の水分など食事からも摂取できるため、５００㎖ほどの水分補給（カフェインを含まないモノ）で十分だそうです。

こうしたことを踏まえて、体を整えながら生活するコツとはなんでしょうか？

「まず、不調のすべてを〝衰え〟だと思い込まないこと。〝体からのサイン〟ととらえ、きちんと向き合いましょう。そういうことに意識を向けることで、年を重ねても『20代の頃より今がずっと健康』という女性も多いですから」

さらに、向き合うときには「自分の心地よさ」に耳を傾けること。

「どんな対処をしたら自分が心地いいか、落ちつくか。そこを大事にするとだんだん改善されていくと思います。ここでお伝えした方法も、気づいたときに試すスタンスで十分です。毎日やらないと！とノルマにする必要もありません」

わたしたちは普段、とかく情報を求め、情報に振り回されがちです。でも、自分の体なのですから、まずは自分に聞くことがいちばん。自身の内からの声に丁寧に応えていくことが、体を整えていく第一歩なのです。

体を温める

鳥山さんの教え

コツ①
下半身を動かして
お腹やお尻まわりの筋肉をほぐす

コツ②
鉄分やタンパク質など
血を作る食べ物を摂る

コツ③
頭のてっぺんにある百会（ひゃくえ）のツボを押す

コレやめた！

体は冷えたら温めようとバランスをとる仕組みがあるため、常温にこだわらなくて大丈夫。冷たいモノが飲みたければ、飲んでもOK。

インナーマッスルのセルフチェック

足を開き、膝がかかとの先の位置にくるように曲げて上半身を下げる。痛かったらお腹のインナーマッスルである腸腰筋が硬くなっている証拠なので、アキレス腱を伸ばすようなイメージでほぐす。左右交互に5回×５セット

デスクワークが多い人におすすめ

足首を膝にのせて、上半身を前にぐっと倒して10秒静止する。股関節付近が伸びているのを感じながら左右交互に３セット繰り返すと梨状筋が伸びてくる。長く座っていることで硬くなってしまう筋肉なので、適度にほぐすと◎

ふたつのストレッチをした後に、スクワットをするとさらに下半身が鍛えられる。足を肩幅に広げ、まっすぐ上半身を下げながら膝を曲げる。膝が内側に入ったり外側に向きすぎないように注意しながら5秒キープする

健康にも美容にも いいこと尽くめ

体を温めると、新陳代謝が上がりホルモンバランスが整います。乾燥といったお肌のトラブルも解消し、健康面・美容面ともにいいこと尽くめです。

ポイントは「下半身」。まず、上の方法で腸腰筋と梨状筋をしっかりとストレッチし、まずは股関節をほぐしていきましょう。血流が上がって老廃物が流れやすくなり、骨盤も適度にゆるんでお腹まわりがスッキリする効果も期待できます。仕上げに軽いスクワットを行い、下半身に筋肉をつけるとよりいいですね。

最近では、顔や頭などは暑いのに足先が冷える「冷えのぼせ」体質の女性も増えています。頭のてっぺんにある百会というツボを押すと、症状の改善が見込めますよ。

鳥山さんの教え

コリをゆるめる

コツ①
猫背にならないよう
胸を開いて深呼吸をする

コツ②
同じ姿勢は百害あって一利なし

コツ③
体の左右差が出ないように意識する

コレやめた！

フカフカすぎるクッション、ベッド、ソファーは、骨盤の歪みの原因になります。むしろ、床や畳の上に座布団を敷いて座るほうが◎。

正しいイスの座り方のポイント

在宅ワークで長時間イスに座る習慣がある人も多いはず。それだけでも
腰に負担がかかっているので、正しい姿勢で座り慢性的な腰痛の予防を。ポイントは下記の5つ

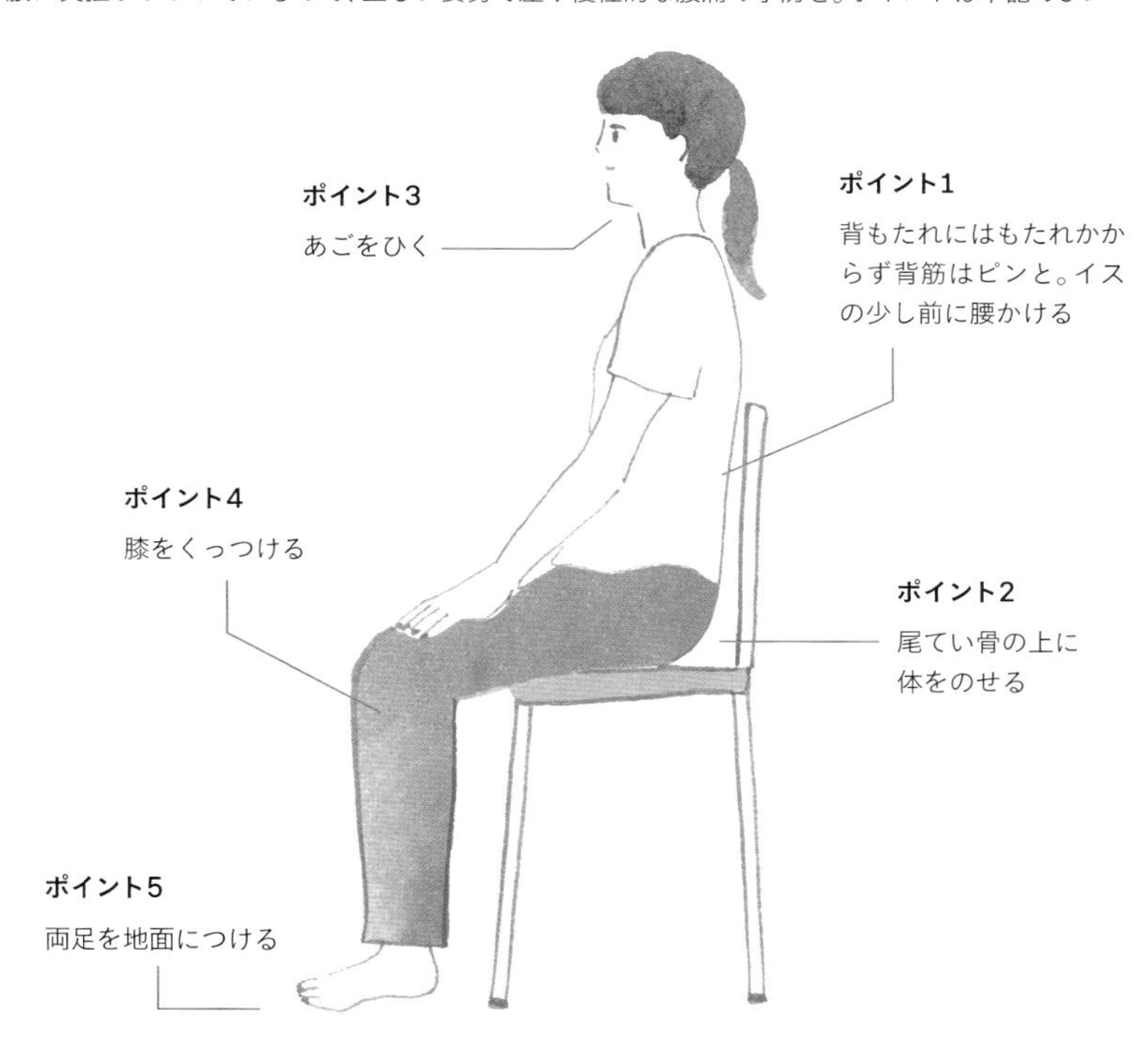

体の左右差をなくし体内に血を巡らせる

コリの大きな原因のひとつが「体の左右差」。姿勢などのクセをチェックし、左右のバランスをとることを意識しましょう。また、座ったときに足を組むのがクセの人も多いかと思います。歪みが出てしまうので組まないほうがベターとはいえ、足のむくみが軽減される効果もあります。足を組むときは定期的に組み替えるようにするといいでしょう。

もうひとつの原因は「血流」。デスクワークなどで同じ体勢が続くときは、45～60分に1回立ち上がって歩いたり、足をブラブラさせて、血の巡りを活発にさせましょう。

同時に、胸を大きく広げ、横隔膜を動かすイメージで深呼吸することも効果的です。

烏山さんの教え

漢方薬を上手に取り入れる

気・血・水を整え体質を改善

調子のいいところは伸ばして、弱っているところを補って、体内の「気・血・水」の状態を整え、体質を改善させるといわれる漢方薬。副作用も少なく、取り入れやすいことがメリット。効き目は「ハーブ・食品→サプリメント→漢方薬→（一般的な）薬」の順で強くなり、漢方薬は3カ月から半年ほどをかけてゆるやかに作用します。どの漢方薬がいいかを見極めるのが難しいときは、漢方薬局やドラッグストア、漢方処方を行う病院で相談を。

三大漢方婦人薬

当帰芍薬散（とうきしゃくやくさん）

生理不順、生理痛、更年期障害などによく用いられるほか、貧血や疲労・倦怠など産前産後の不調などにも効果がある

桂枝茯苓丸（けいしぶくりょうがん）

顔が赤くなりやすいのに足が冷え、下腹部が張るときにおすすめ。頭痛、肩こり、めまいなどにもよく処方される

加味逍遥散（かみしょうようさん）

体力が落ちている人、体力がない人に。のぼせや発汗、イライラ、不安など、女性特有の心の不調にも効果がある

烏山さんの教え

体調に合わせたアロマを知る

ディフューザーがなくても大丈夫

気分が明るくなったり、肩こりが軽くなったり、スッキリ目覚められたり。香りに含まれる成分によって、さまざまな効果が期待できるアロマ。「かぐ」だけでいいので、忙しい人にもおすすめです。電気やキャンドルを使って香りを拡散させるタイプのディフューザーは、準備やお手入れが面倒なことも。普段使うティッシュやハンカチに、オイルを数滴含ませるだけでもOKです。持ち運びには、スティック型のロールオンアロマが便利ですよ。

知っておきたい基本のアロマ

ベルガモット

セロトニンの分泌も促し、落ち込んだときや憂うつなときにおすすめ。夜寝る前にかいで寝ると、次の朝スッキリ起きられる

カモミール

自律神経を整えてくれ、気分を落ちつかせてくれる。心と体のバランスを整えたいとき、眠りが浅いときにおすすめ

ラベンダー

筋肉を弛緩させ、痛みを和らげてくれる効果があるといわれており、肩こりや頭痛、腹痛のときにおすすめ

オレンジ

こどもから大人まで使いやすいアロマ。消化促進の効果もあり。朝にかぐと気分がリフレッシュして、1日元気に過ごせる。

※妊娠中の方は使えないアロマもあるのでご注意ください

鳥山さんの教え

生理時の不調をケアする

コツ①
骨盤をゆるめるストレッチで血流アップ

コツ②
ラズベリーリーフのハーブティーを飲む

コツ③
体が温まるジンジャーを食べる

コレやめた！

骨盤を締めつけるタイプの生理用ショーツは、生理痛を悪化させる恐れがあるので避けて。骨盤は締めるのではなく「ゆるめる」ことを意識して。

生理痛を和らげるストレッチ

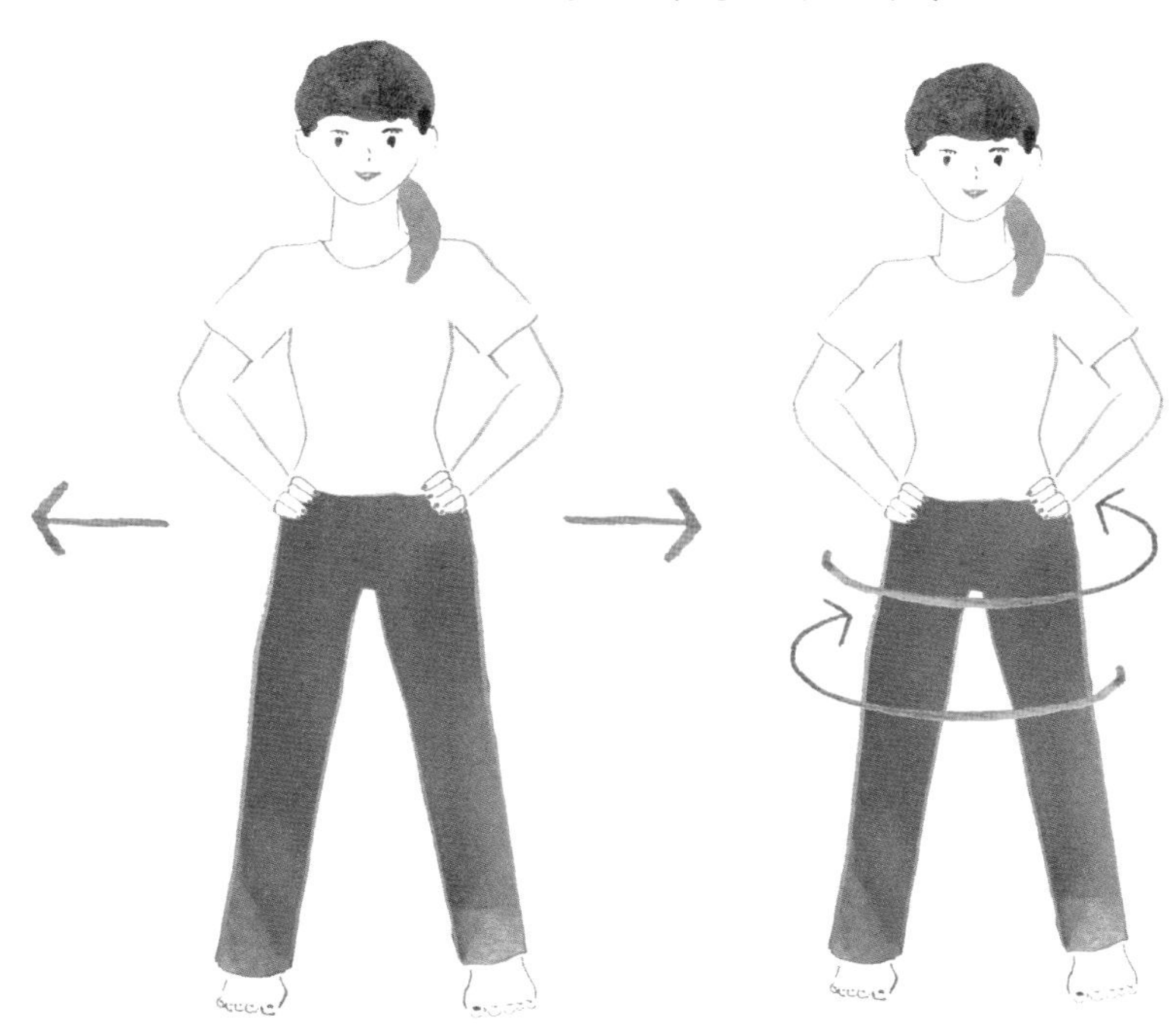

ゆらゆら体操

リラックスした状態で腰に手を当てて、ゆらゆらと左右に動かしたり、前後に動かして骨盤周辺をゆるめる

ぐるぐる体操

腰に手を当てて、腰全体で円を描くようにゆっくり腰を動かす。しっかりと動かすことで骨盤が開き、痛みが和らぐ

骨盤をゆるめ体を温める

生理痛の軽減ポイントは「骨盤をゆるめる」「体を温める」ことです。ラズベリーリーフのハーブティーは、骨盤まわりの筋肉が弛緩し、子宮が収縮しやすくなり機能を正常に保つ効果があるといわれています。「安産のお茶」という別名があるほど。

また、ジンジャーには体を温める作用とともに、痛み止めなどの働きもあります。両方とも、意識的に口にするといいでしょう。

仕事やスマホなどに集中すると、どうしても頭のほうに血がのぼり、下半身が冷えてしまいがちです。血流をよくして体全体を温めるためには、骨盤まわりのストレッチを定期的に行うこともおすすめです。簡単にできるので是非やってみて。

烏山さんの教え

体幹を鍛える

コツ①

足の指を使ったグーパー運動を侮るなかれ

コツ②

おへその下にある丹田を鍛える

コツ③

息を吐くことを意識した深呼吸をする

コレやめた！

ソールが薄いフラットシューズは、足裏が薄い女性にとって負担が大きいもの。足裏を守ろうとし、太ももや骨盤まわりの筋肉だけが発達することもあります。

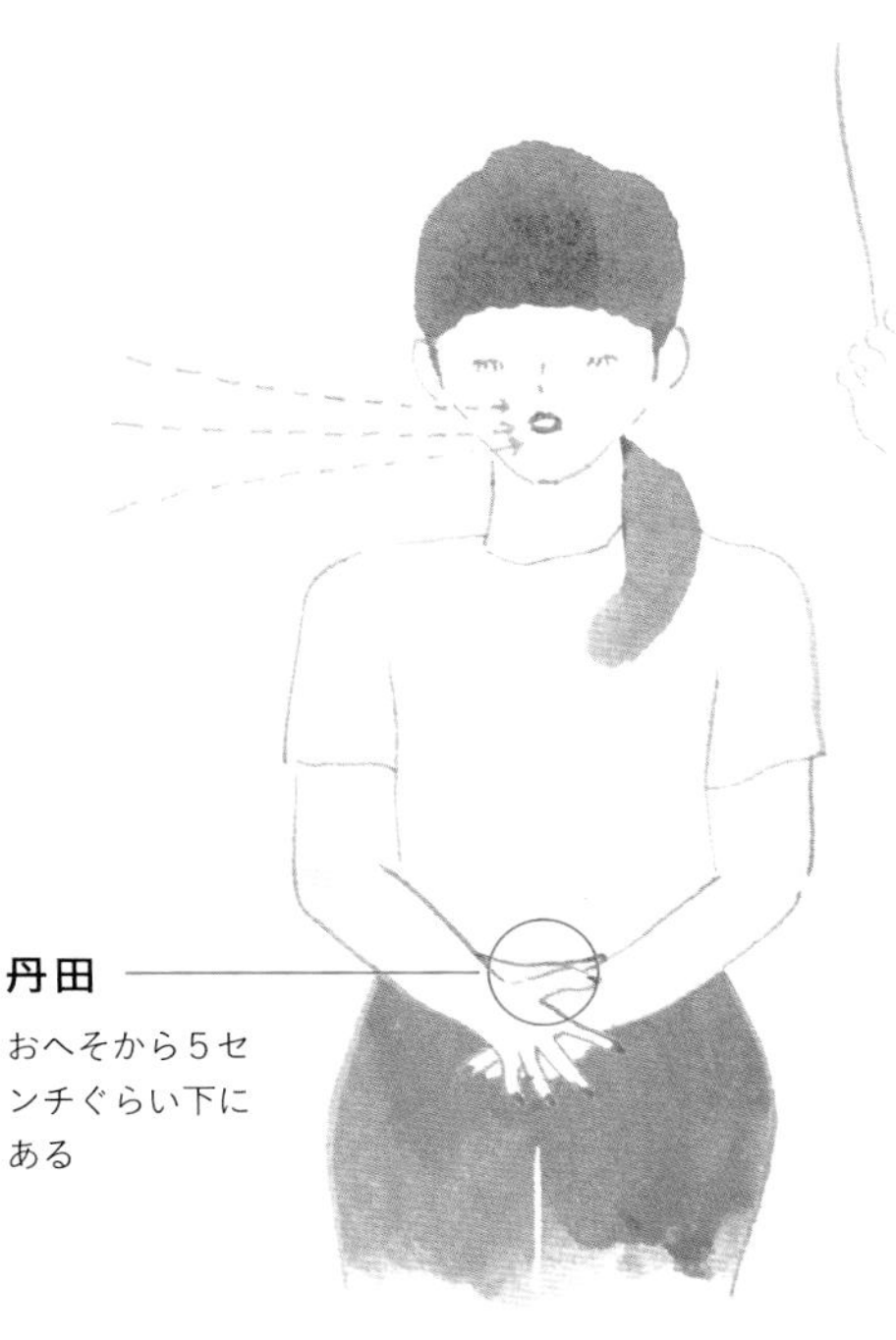

足もとからはじめよう

実は骨格的にできないという人も多いグーパー運動。とくに小指が難しいが、やり続けていると少しずつ動くようになる。やろうという気持ちが大事

丹田

おへそから5センチぐらい下にある

丹田のトレーニング

少し前屈みになりながら、丹田を押さえる。息をフーッと吐き、息を吐くときに丹田に少し力が入るようなイメージで深呼吸する

まっすぐ立てていますか?

体幹とは、全身のうち頭・両手・両足を除いた胴体部のこと。体幹が弱いと姿勢や血流が悪くなり、さまざまな体の不調につながります。

体幹がしっかりしているかを見極めるには、地面に対してまっすぐ立てているかどうかがポイントです。さらに、足の裏全体で地面をつかめているか(とくに親指側)、歩くときはしっかり地面を蹴れているかも確かめてみてください。

できていない場合は、足の裏のグーパー運動で足の指を鍛えることからはじめましょう。丹田のトレーニングや、深呼吸も効果的です。

深呼吸はしっかり胸を広げ、息を吸うときはおへそが前に出るよう、吐くときはおへそを背中につけるイメージでやってみて。

鳥山さんの教え

年に一度の人間ドック

現状を知った上でセルフケアを

まず整理しておきたいのは、「検査＝治療ではない」ということ。「病院に頼らず、セルフケアでがんばりたい」という人もいますが、そのためには体が今どんな状況かを正確に知ることが大前提です。自身の現状を把握してこそ、健康でいるために何ができるかが見えてくるからです。検査の結果、治療が必要となったとしても、西洋医学、東洋医学、代替療法、自然療法など、さまざまな選択肢があり、自分に合うモノを選べます。

受けておきたい婦人科検査

マンモグラフィ

乳房専用のX線撮影のこと。乳房を圧迫するため痛みも伴うが、しこりの影をはっきり映すことができる

乳房超音波検査

超音波を乳腺に当て、はね返ってくる反射波をコンピュータが画像化して検査をする。体にも害がなく安心

子宮頸部細胞診

子宮の入り口にあたる部分の細胞を採取し、がん細胞やなりかけているものの有無を顕微鏡で観察する検査

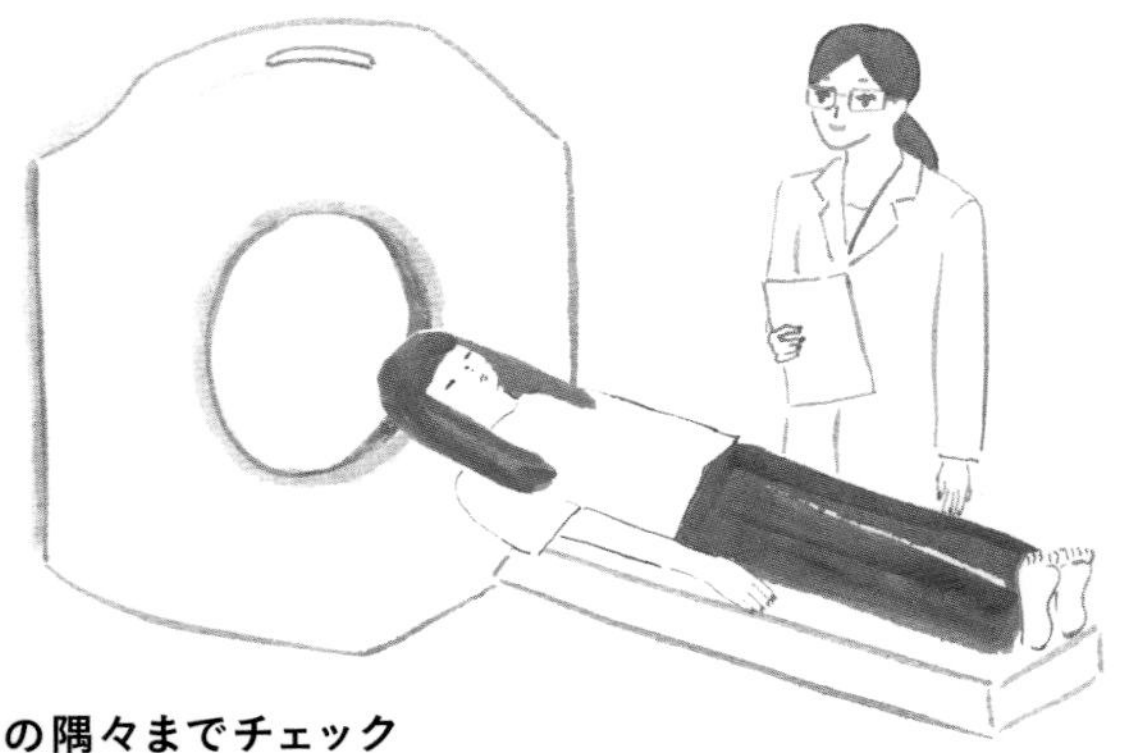

体の隅々までチェック

病気の早期発見はもちろん、自分ではわからない精密な数値を知っておくことで、生活を改善することができる。また人間ドックを受けたという精神的な安心にもつながるので、定期検診がおすすめ

烏山さんの教え

365日腸活記録をつける

理想の便は薄茶色のバナナ2本分

腸の動きと日々の体調は密に関わっているので、便の記録をつけることはとても大切。ポイントは、回数・時間・色・形状・残便感の有無など。

朝ごはんを食べて腸が動き出したあとに、薄茶色のバナナ状の便が2本分出るのが理想。腸内に悪玉菌が多いと黒っぽくなるので、乳酸菌やオリゴ糖の摂取を心がけるといいです。また、便が硬いときは、腸腰筋のストレッチ（p.111参照）などで腸の動きをスムーズにしてあげましょう。

理想の便を出すには

乳酸菌が入ったヨーグルトや、ハチミツのようにかけるタイプのオリゴ糖を毎日欠かさず摂ることが大事。腸活アプリを使えば、日々の記録も簡単に楽しくできる

烏山さんの教え

睡眠力をつける

コツ①
「夜に寝て、朝に起きる」という基本に返る

コツ②
睡眠時間ではなく「熟睡すること」を意識する

コツ③
就寝2時間前までにお風呂に入る

コツ④
ヨガやストレッチで眠りやすい体に

コレやめた！

眠りが浅い人、不眠気味の人は、眠くなるまでベッドに行かないのがおすすめ。ベッドの中に入ったらスマホを触らず、「ベッド＝眠る場所」という意識づけを。

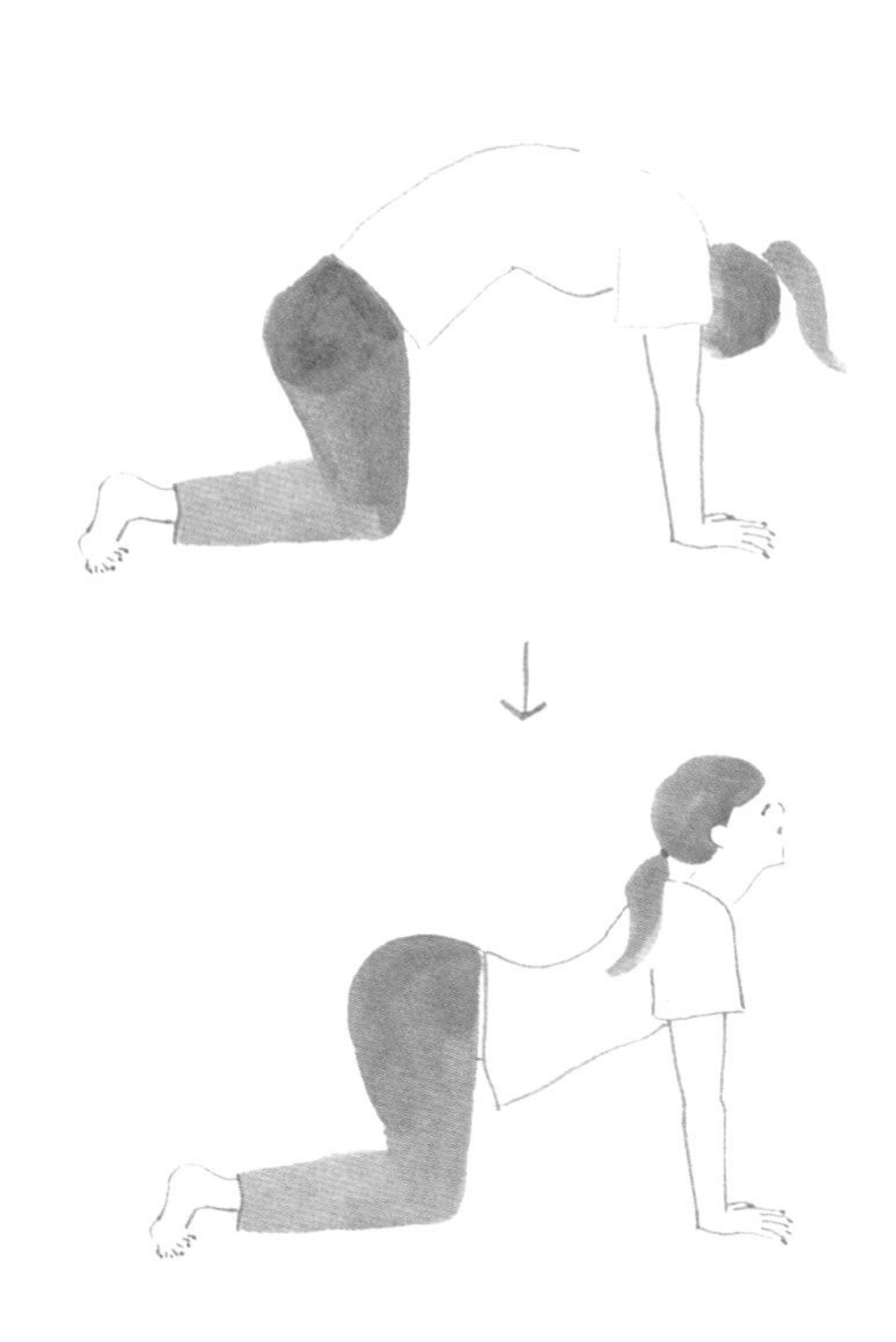

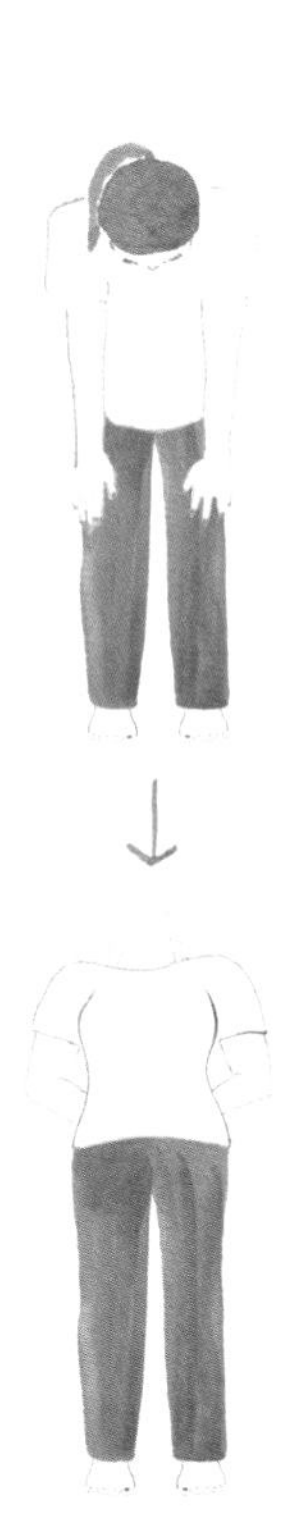

猫のポーズでリラックス

四つん這いになって、息を吸いながらゆっくりと腰をそらして30秒キープ。次に息を吐きながらゆっくり背中を丸めて30秒キープ。セットで5回

立ってできるストレッチ

背中を倒して手を床につけようと前屈になるような体勢（床につけなくて大丈夫）から、背骨をうしろに反らす。腰痛持ちの人は前に倒すだけでもOK

質のよい睡眠で心や体の不調を解消

心や体の不調は、眠ることでまず回復します。睡眠時間は7時間がベストとされますが、時間よりも熟睡することが大事。質のよい睡眠をとるためには、お風呂は就寝の2時間前までにすませ、その後は体温が上がるような行動は避けましょう。

入浴で上がった体温は徐々に下がり、2時間ほどして下がりきった頃に眠くなるからです。

また、成長ホルモンの分泌は、寝ついてから2~3時間後にピークを迎えるといわれています。とはいえ、午前3~4時ぐらいからは覚醒作用のあるセロトニンも分泌されはじめます。体内リズムをきちんと保つためにも、0時頃までに眠りにつけるといいでしょう。

みんなの新しい暮らしの習慣

COLUMN

01

刺繍作家

小菅くみさん

PROFILE

東京都出身。刺繍ブランド〈EHEHE（エヘへ）〉の刺繍を中心とした作品を製作する刺繍作家。『ほぼ日刊イトイ新聞』の感じるジャム“おらがジャムりんご”シリーズでは、レシピ製作を担当しています。

kumikosuge

① 体を整えるために日々行っていることは？

サウナに行って精神統一したり、サウナ室で軽くストレッチをしています。体の中の毒素が全部出た気になるし、五感が研ぎ澄まされ、身も心も整っていることを実感できます。花粉の時期はグズグズする鼻もスッキリします。

② 体調がすぐれないと感じるときはどんなとき？

日光と花粉のアレルギー持ちで、季節の変わり目に体調を崩すことが多いです。また、忙しくなって寝不足になると肌荒れや鼻炎もひどくなり、体も頭もうまく機能していない気がします。目をよく使う仕事で同じ体勢で縫い続けるので、眼精疲労や頭痛、腰や首がずどーんと凝ることもよくあります。

③ 体調がすぐれないときの解決法は？

アレルギーにいいと教えてもらった自家製の赤紫蘇ジュースや、ハーブティーを飲んだりします。科学的な根拠はなく、勝手に感じていることですが、タンパク質が足りないと肌荒れや疲れがひどくなるので、豆乳やソイプロテインを温めて飲んだりもします。

④ 体を整える新習慣は？

コロナ禍でサウナに行けず、はじめたのがランニングでした。あまり行かない街に行ってみたり、明け方の人のいない街を走るのは楽しかったです。帰宅してすぐシャワーを浴びて、ベランダで外気浴をすると、サウナの後の気持ちと似ていることに気づきました。

写真提供＝小菅くみさん

＜体編＞

02

デザイナー
福間優子さん

PROFILE
料理、インテリア、生活にまつわるもの、旅、女性向けカルチャーなどの書籍デザインのほか、ショップまわり、カタログや冊子、パッケージなど紙もののデザインを手がけています。
yodel_hakase

① 体を整えるために日々行っていることは?

午前中にストレッチをして軽い筋トレをするのが日課です。そしてなるべく水を飲むことと、自炊をして野菜中心の食生活を心がけています。体と心はリンクしているので、気持ちよく過ごすために、部屋をそうじして、好きな香りのオイルを含ませせた雑巾で床を磨くと、きりっと気持ちが整います。

② 体調がすぐれないと感じるときはどんなとき?

仕事が重なると、睡眠時間が減り、食生活も乱れて生活リズムが狂いはじめます。そういう状況が続くと疲れが取れず、肩こりから頭痛がひどくなることも。

③ 体調がすぐれないときの解決法は?

夕食〜翌日の朝食を抜くプチ断食をします。そしてゆっくりと半身浴をして早めに寝ます。眠る前には胃に何もない状態になり、寝ている間に体をメンテナンスしてくれる気がします。朝起きたときには体が軽くなって、目覚めがよくなり、午前中は集中力が高まります。

④ 体を整える新習慣は?

家でセルフケアをするようになりました。たまに行くジムよりも毎日少しずつでも続けているほうが効果があると実感。宅配の野菜を頼むようになってから、外食が減りました。夜は炭水化物を食べず、野菜がたまると冷蔵庫の整理も兼ねて、野菜と塩だけでデトックススープをたっぷり作って冷蔵庫にストックしています。これを飲むと体が整います。

写真提供＝福間優子さん

CHAPTER 6

自信が持てる美容習慣

人と会わない日が続くとお化粧はおろか、スキンケアさえもついつい手を抜いてしまいがち。男にとっての戦闘服がスーツならば、化粧はやる気スイッチを入れてくれる女の戦闘モードのようなもの。お気に入りの口紅や香水が1本あるだけで最強のお守りになるし、特別な日の前夜にパックが1枚あれば気分も上がる。オンオフをきっちり使い分けて、オフのときにはお肌をしっかり休ませるイメージをしながら、贅沢なリラックスタイムを楽しみたい。自分のお肌が喜ぶことをしていると、表情もイキイキと輝いて内面から美しくなれるはずです。

年なんて関係ない。流行だって(もちろん気になるけど)関係ない。自分が好きなモノを知って、衝動的にときめくモノと出会うこと。それが「美」を楽しむはじめの一歩なのだというビューティライターのAYANAさんにお話を伺います。

CHAPTER 6 —— INTERVIEW

ビューティライター AYANAさんに聞く

自信が持てる美容習慣

覚悟を決め挑戦したことですべてが変わった

女性にとって〝美〟は永遠の憧れ。少しでも美しくありたいと願う一方、「自分の顔に自信が持てない」「年齢を重ねてシミやシワが気になるようになった」など、コンプレックスを抱えている人も少なくありません。

「昔から、そして今も、コンプレックスの塊です」と話すのは、ビューティライターとしてさまざまなファッション誌に記事を執筆するほか、コスメ開発にも携わるAYANAさんです。

「以前から公言していることなのですが、わたしは自分の顔が好きじゃありません。さらによくないことに、具体的にどこが好きじゃないのかを研究したり、好きになるための努力もしていませんでした。『どうせわたし、こんな顔だから』で終わっていたんです。今思うと、ただ卑屈なだけだなって思うんですけど(笑)。

そんなふうに後ろ向きだった考え方が変わったのが3年前。それまで使っていた〝ライター・プランナー〟という肩書きを、〝ビューティライター〟に統一したことでした。〝ビューティ〟といっている以上、『どうせわたし、こんな顔だから』といういいわけは許されないなって。以来、それまで避けてきたことにもどんどん挑戦するように心掛けていたら、ものの考え方から見た目、表情、人間関係まで、すべてが変わっていきました」

あれこれいいわけしているうちに死んでしまう

当時のＡＹＡＮＡさんは41歳。女性の40代といえば、一般的に肌や髪に、加齢による変化を感じたり、心身ともに不調を感じやすくなる年代。ともすれば変化することさえ恐れてしまいがちですが、ＡＹＡＮＡさんがそこで一歩踏み出すことができたのはなぜだったのでしょうか。

「40代になって明らかに自分の意識が変わりました。それまでは、何をするにも自分に自信がないことを大前提に考えていたんですね。でも、それって結局、白馬の王子様を待っている感覚というか、自分の自信のなさを誰かに『そんなことないよ』と否定してもらいたかったような気がするんです。それなのに自信がないことを何とかしようともせず、ずっと諦めていたり、そこからなかなか抜け出せないでいました。それが40代になると老い先が短いというか（笑）、あれこれいいわけしている間に死んじゃうから、できていないことはやったほうがいいなっていう意識に変わったんです」

そのひとつが髪型を変えること。長年ストレートロングで過ごしてきた髪を、人気ヘアサロン『ＴＷＩＧＧＹ』のオーナー・松浦美穂さんに切ってもらうことにしたそう。

「もともとお仕事でご一緒させていただいたことはあったのですが、美穂さんもお忙しい方なので新規の予約は受け付けてないだろうし、そもそもわたしなんて……と思っていたんです。でも、ある

とき思いきって聞いてみたら、『いいよ！』といってくださって。それから美穂さんに切ってもらっているのですが、毎回違う髪型にしてくれるんです。こうやってパーマをかけたのも高校生ぶり。コンサバな髪型ではないから最初は不安でしたけど、美穂さんに切ってもらうと必ず、『その髪型似合ってるね』って人に褒められるんです。それが自分の自信にもつながるので、思いきってお願いしてよかったなと思っています」

正解は自分の好きなモノの中にある

年齢を重ねる楽しさを体現しているAYANAさん。その行動の軸となっているのは、〝自分が好きなモノ〟なのだそうです。

「わたし、昔から自分にはまったく自信がないけど、自分の好きなモノには絶対的に自信があるタイプなんです（笑）。好きなモノについてならいくらでもしゃべれちゃうし、自分が取り入れるモノも、自分が本当に好きなモノかどうかを基準にしています。

それが何かわからないという人は、自分の好きなモノをノートに書き出してみるといいですよ。音楽でも映画でも俳優でも、好きな味でも食感でも、何でもまずは書き出してみる。そうすると、必ず共通点があるはずなんです。それらをひとつひとつ自分らしさとして大事にする。誰かの価値基準ではなく、自分の価値基準を知っておくと、美容の面でも自分の道を探しやすいと思います」

美容における〝自分の道〟とはどうい

PROFILE

ビューティライター AYANAさん

東京都在住。息子とふたり暮らし。大学に通いながら専門学校でメイクを学び、卒業後化粧品メーカーに就職。商品企画開発に携った経験と、もともとアートや音楽に精通していた嗜好による、独自の観点でブランドや商品の魅力が語られたコラムや取材、Instagramが話題に。ものの骨子をつかみ、ロジカルに気持ちを分析し、エモーショナルな表現、心に響く文章を書く力を鍛えるための講座や、敏感肌向けコスメ・オサジのカラーディレクションなど、幅広く活躍中。

ったものなのでしょうか。

「日本では若さが重視される一方、ある年齢になると〝年甲斐もなく〟といった言葉で相応さを求められる傾向にありますが、わたしはそういうのを気にする必要はないと思っています。

シミやシワがある顔も素敵だと思うし、40代、50代の方が20代の方のメイクを参考にするのも全然いいと思うんですよね。美に絶対的な正解というのはないので、自分の絶対的な正解を打ち立てるしかないんです。

そのときに役立つのが、自分がいいと思うモノ、好きなモノは何なのかということ。そこがハッキリしていれば、美容だけでなく、いろいろなことに対して取捨選択する際のモノサシになると思います」

一生、去年の自分より今年の自分を好きでいたい

ここ数年は「去年の自分より今年の自分のほうが好きだなっていうことを繰り返している」とＡＹＡＮＡさんはいいます。

「人は一生変化していくものだから、どう変化するかを楽しむ姿勢でいるのがいいと思います。若い頃のほうがよかったとか、今がいいから現状維持しておこうとか、そんなふうに考える必要はまったくなくて。これは美容に限った話ではなく、人生においてそう思います。いちばん大事なのは『自分がどうなりたいか』なんですよね。自分に素直になって、死ぬまで『去年の自分より今年の自分を好き』でいたいなと思ってます」

AYANAさんの教え

いくつになっても美容を楽しむ

コツ① 自分の肌と朝晩きちんと向かい合う

コツ② 美容を義務だと思わない

コツ③ 自分の〝好き〟をその都度、更新していく

コレやめた!

人の目や評判を気にする必要はありません。「もう若くないから」や「人にどう思われるか」は、自分の可能性を狭めてしまいます。それよりも自分の“好き”を優先することで、人生を自由に楽しめるようになるはず。

やったらやった分だけ楽しいメイク

AYANAさんのメイク論は「やりたいんだったらやりましょう。手をかけた分だけ変われるし、やったら絶対楽しいよ」というもの。上記の写真は、見ているだけで楽しくなる、AYANAさんお気に入りのコスメたち。毎日使うモノは決めずに気分で変えているそう

毎日新鮮な気持ちで自分と向き合おう

肌の調子は体調や気分によっても変わってくるので、朝晩の洗顔のときにその日の肌状態を知ることが大事。そこで乾燥が気になったら保湿をする、シミが目立つからコンシーラーを使うなど、毎日新しい気持ちで肌と接するといいと思います。

一方、メイクに関してはアイメイクなどミクロな部分にフォーカスするより、全体の雰囲気で見るのがおすすめ。自分の好きな世界観があると思うので、定期的にそれを見直し、変化に気づいたときが変えどきだと思います。

でも、これらは必ずやらなきゃいけないというものではありません。疲れたら休んでもいいし、興味がないならやらなくてもOKです。気楽にいきましょう。

AYANAさんの教え

自分の顔を好きになる

コツ① 自分の顔を引きでチェックする

コツ② いろんな角度から自撮りをしてみる

コツ③ 家の中に鏡を増やす

コレやめた！

シミやたるみがあるからといって、自分の顔を否定しないこと。メイクや髪型でカバーするなど、そこからどうするかを考えて、自分でゲームオーバーを作らないことが大切。

自分の顔が嫌いな人へ

AYANAさんの好きな女性像は、ケイト・モスやジョージア・オキーフなど、かっこいい女性。自分と理想の顔との違いに目をやらず、そのかっこいい雰囲気をまとうには、どうすればいいかを考えることが大事

鏡や自撮りを活用して自分の顔に慣れる

自分の顔を鏡で見るとき、人はどうしても部分的なところに目がいってしまい、全体が見えていないことが多々あります。そのため、全身鏡などを使って引きで見て、どう映るかをチェックするようにするのがいいと思います。

同様に、鏡に映すときは若干キメ顔になってしまうので、いろいろな角度から自撮りをしてみましょう。自分を客観的に見ることで、わたしってこういう顔なんだと、新しい発見があると思います。意外と人は自分の顔に慣れていないもの。家の中に鏡を増やして自分の顔を見る機会を増やしたり、ふとしたときの顔がわかるようにデスクに鏡を置いておくのもおすすめです。

AYANAさんの教え

〝好き〟を分析してコスメを選ぶ

コツ①
自分がなりたいアイコンを見つける

コツ②
好きなモノを洗い出し、惹かれる理由を分析して言語化する

コツ③
好きなタイプの顔の人にメイクをしてもらう

コレやめた！

いいと思ってないモノを、なんとなく買うことはやめましょう。美容カウンターなどで店員さんにすすめられたモノを買ってしまう人って多いと思います。遠慮は要らないので、そこでいいと思えなかったら買わずに帰る勇気を持って。

カラーディレクションを務めるブランド・オサジ

スキンケアブランドとして知られるオサジは、メイクアップコスメも人気で商品のネーミングが秀逸。「明日」「閃光」という名のリップグロスや「洞窟」「余韻」といったネイルカラーなど、想像力をかき立てられるモノばかり

自分の〝好き〟を知ると コスメ選びもスムーズに

わたしはイマドキの顔になることだけが正解だと思っていません。それよりも、自分は何が好きなのかを知ることが大切。そのためには、こういう人になりたいと思えるアイコンを見つけるのがいちばんの近道。

そして、その人のどんなところが好きなのか、なぜ好きなのかを徹底的に分析してください。分析したら、その人が使っている色や雰囲気を積極的に取り入れてみてください。

また、コスメ選びは自分だけだと限界があるので、美容カウンターの店員さんなどから、客観的な意見を聞くのが◎。自分が好きなタイプの顔の店員さんにやってもらうと、その方のメイク方法で自分にメイクをしてくれるのでおすすめですよ。

AYANAさんの教え

流行を自分らしくとらえる

コツ①
流行を取り入れたいかどうか、自分に問う

コツ②
変わらないかっこよさを知る

コツ③
本当に好きなモノにこだわる

コレやめた！

物事を色眼鏡で見るのはやめましょう。よく知らないのに、先入観だけでNOといってしまうのはすごくもったいないこと。感じ方や考え方は変化していくものなので、決めつけないで。

自分の好きなモノだけを紹介するInstagram

アイテムを持つ手からもその愛おしさが伝わるようなAYANAさんのInstagramにアップされる写真。写真だけでなくAYANAさんのエモーショナルな言葉たちが炸裂している（画像は本人のInstagramより）

世の中の流行よりマイブームを優先する

今流行っているモノにアンテナを張っておくことは、面白いモノや自分にとっていいモノに出会える可能性が高まるのでとても重要です。ただ、その中で自分が何を取り入れるかは、テレビで紹介していたからではなく、自分の好み＝マイブームで決めるのがいいと思います。必ずしも、今の流行を取り入れることが正義ではありませんから。

流行は変わっていくものだし、ファッションデザイナーの川久保 玲さんやスタイリスト・衣装デザイナーの北村道子さんのように、自分のスタイルを貫くかっこよさもあります。すべてにおいて流行におもねるのではなく、自分が気に入ったモノにこだわることが大切だと思います。

AYANAさんの教え

年齢に応じてメイクを使い分ける

コツ① 自分の顔の変化を把握しておく

コツ② 知性を磨いてメイクをする

コツ③ 血色を補う

コレやめた！

血色よく見せたいからといって「チークを使えばいいや」という考えはやめましょう。リップを赤くしたら、チークはベージュっぽいモノでもいい。バランスで考えることが大事です。

「もう年だし」は呪いの言葉

大人だから若い子みたいなことはできないという考えを持つ必要はない。美容に限らず、人は何歳になっても、変化していくもの。現状維持ではなく、「どんどんよくしていきたい」という向上心が変化を生む

顔の変化に合わせてメイクを考えよう

メイクは自由なものですが、年齢によって変わってくることは当然あって、その代表が肌質です。若いときはハリがあるので厚めのメイクをしても違和感がなかったと思うんです。でも、ハリがなくなってくる年代だと、それが悪目立ちしてしまうんですよね。なので、今の自分の肌をきれいに見せるにはどれくらいのカバー力が必要なのかを分析するなど、知性を磨いてメイクをすることが重要になってきます。

また、40代、50代になると、どうしても血色が悪くなるもの。それはポイント的に赤みをプラスすることで改善できます。普段から自分の顔の変化をチェックし、把握しておくようにしましょう。

AYANAさんの教え

お肌をいたわる

コツ①
何を使うかより、どう使うか

コツ②
丁寧にハンドプレスをする

コツ③
自分の肌を基準にして使うモノを変える

コレやめた！

こどもがいると、どうしてもこどものことを最優先にしがち。もちろんそれも大切ですが、お風呂上がりのスキンケアに関しては、こどもより自分を優先するように。

スキンケアは時間をかけて丁寧に

スキンケアは、時短より時間をかけて行いたいというAYANAさん。一度で終わらせるのではなく、化粧水をつけたあと、コーヒーのためのお湯を沸かしてから、少し時間をおいて美容液をつけるとなじみが格段にいいのだそう

スキンケアの基本は今の自分の肌状態

わたしがスキンケアで大切だと思うのは、何を使うかよりも、どう使うか。例えば、高級なクリームも、もったいないからとチビチビ使っていたら効果は半減。お財布の負担にならないモノを、惜しみなく使うのがおすすめです。

わたしが実践しているのが、やさしくハンドプレスをすること。自分の手で、引っ張ったりせず丁寧に肌を触ると、肌の状態がわかります。それを基準に、乾燥しているなと思えば冬じゃなくとも保湿を強化するし、気分によって使うモノを変えることもあります。いろんな種類をそろえる必要はありませんが、40代、50代になったら美容液を1本用意しておくといいと思います。

AYANAさんの教え

香りを味方につける

コツ①
香水をつけるときは2プッシュまで

コツ②
香りのレイヤードを楽しむ

コツ③
好きな香りが見つからない場合は、人に選んでもらうのも手

コレやめた！

メンタル面や睡眠にも効果があるといわれている香り。自分が心地いいと思う香りをたくさん知っているほど、人生は豊かになると思います。“好き”を分析するのは大事ですが、ひとつに固執する必要はありません。

五感をフルに使ってリフレッシュ

お気に入りの香水たち。惹かれるのは、ブラックペッパーやカルダモン、パチュリ、フランキンセンスなどスパイスや樹脂系の香り。フローラルが多くを占める香水の世界で、好みのものは僅か。好きな香りと出会うとつい買ってしまうそう

マナーさえ守れば好きな香りをつけてOK

香水は、お寿司屋さんに行くときは控えるなど、基本的なマナーを守っていれば、あとは自由に、その日の気分に合わせて、自分の好きな香りをまとうのがいいと思います。ただ、その香りを周囲がどう感じるかを考え、自分がつけるときは2プッシュまでと決めています。

また、同じ香りに飽きてしまったら、ふたつの香水を一緒に使って香りのレイヤードを楽しんだりすることも。わたしの場合は自分の好みが明確なのですが、それがわからないという方はデパートのフレグランスコーナーで店員さんに選んでもらうのもおすすめ。相談するときは自分の趣味の傾向や惹かれる香りなどを伝えるようにするといいですよ。

みんなの新しい暮らしの習慣
COLUMN

01

主婦
かもめさん

PROFILE
2児の母で専業主婦。Instagramには日々の暮らしを綴った衣食住にまつわることをメインに、たまに純喫茶やレトロなお店などの情報を載せています。
lokki_783

① 見た目を整えるために日々心がけていることは?

外出するときは、自分の中で完璧な状態(化粧、ヘアスタイル、洋服のコーディネート)であるように心がけて、オンのスイッチを入れるようにしています。あとは、大きな姿見があるので常に自分の姿を意識的に見るようにしていますね。家から出ない日もお気に入りの洋服で過ごすなど、鏡に映った自分の姿に気分が下がらないようにしています。

② お肌の疲れを感じたときの最大級のスペシャルケアとは?

2週間に一度、顔とデコルテのマッサージに行っています。月に二度の自分へのご褒美dayです。また、お友達と好きなお店、喫茶店やショッピングに行くのも気分が上がるので、お肌の潤いにつながっている気がします。

③ 「美」にまつわる情報収集はどこで?

Instagramがメインで、憧れの芸能人や著名人の本などを見て参考にすることもあります。

④ 「美」にまつわる新習慣は?

おうち時間に、お肌と向き合ってみようと思い調べたところ、化粧ノリがよくなるということで、朝クレンジングをはじめました。その後、ホットタオルで温め、軽いスキンケアをすることでお肌が整うようになり、化粧をする日もしない日も、お肌の潤いを感じます。また炭酸水を飲むようにしています。夏場は冷やしたモノを飲んでいましたが、今は常温を飲んでいます。

写真提供=かもめさん

＜美容編＞

02

ライフオーガナイザー®
クローゼットオーガナイザー®
小山真紀さん

PROFILE

長野県在住。22歳と18歳の母。大学卒業後にビール会社に勤務。結婚を機に専業主婦に。2016年にライフオーガナイザー®、翌年クローゼットオーガナイザー®の資格を取得し、不定期で個人宅のお片づけサポートを行っています。
simplepleasures0329

① 見た目を整えるために日々心がけていることは?

年齢とともに、清潔感がより一層大切になってくるので、髪や手、爪、服、靴などをきちんと手入れすることを日々心がけています。細部まで手入れが行き届いていることは、自信や余裕、そして幸福感のある、整った立ち振る舞いにつながると考えています。

② お肌の疲れを感じたときの最大級のスペシャルケアとは?

良質な睡眠をとることです。そのために、前の晩は、ぬるめのお風呂にゆっくり入り、ヘアトリートメントや肌のシートマスクで丁寧に髪やお肌を労わります。また、野菜中心の腹8分目の食事、スマホやPCを見ないように……といった体に優しくすることを心がけて過ごします。

③ 「美」にまつわる情報収集はどこで?

美容家・石井美保さんの著書やInstagram、内科・皮膚科医である友利 新先生のYouTubeチャンネルを拝見し、情報を集めています。

④ 「美」にまつわる新習慣は?

新しい生活では、マスクが必須となり、口元がいつも隠れているせいか、口角が下がったり、たるんだりしてきたのを感じたので、口角を上げること、笑顔でいることを今まで以上に意識するようにしています。また、家にいる時間が増えたので、思いついたら髪のブラッシングやハンドケアがすぐできるように、ケア用品のツールをリビングの手に取りやすい場所にひとまとめにしました。

写真提供＝小山真紀さん

CHAPTER 7

働き方とお金を見直す

コロナ禍において、将来への漠然とした不安や、働き方について考えた人も多いのではないでしょうか。変わりゆく時代の中で、今後何が起こるかなんて誰にもわかりません。わかったことは、自分の身は自分で守らなくてはならないということ。いつ何が起きようとも、自分や大切な人を守るためにできる限り備えておかなければならないのです。

そのために、最適な仕事ができていますか？　貯蓄や保険などの備えは万全ですか？　必要な自己投資をはじめていますか？　つい後回しにしてきたお金のこと、これからのこと。5年後、10年後を見据えた人生プランを今こそ見直すときかもしれません。家計管理も時短で、将来のお金が貯まるルーティンを身につけるべき時代。ここでは、ファイナンシャルプランナー・コラムニストの西山美紀先生に働き方、お金、暮らしについてお話を伺います。

CHAPTER 7 ── INTERVIEW

ファイナンシャルプランナー・コラムニスト
西山美紀先生に聞く

働き方の見直し方

多様化の時代だからこそ大きなチャンスがある

働き方をめぐる昨今の変化は、実にめまぐるしいもの。リモートワークは一気に進み、副業や兼業を認める企業も増えました。改正派遣法で正社員と派遣社員との格差はなくなるそうだけれど、AIの進歩で将来なくなる仕事も増えるというし、定年は70歳まで延びそうだし……。「どんな働き方、仕事が正解なの⁉」と頭を悩ませている人も多いのでは。

「『大企業の正社員になれば安泰』という時代ではなく、いろいろな働き方があるために迷ってしまいます。一方で、個性や生活スタイルを活かして働ける時代になったともいえます。働き方が多様化している時代だからこそ、さまざまなチャレンジができると、プラスに考えてみては」と語る西山先生。さらに、「男性よりも女性のほうが、こうした変化にうまく対応している」と続けます。

「ほんの20～30年ほど前までは、育児と仕事を両立する女性のほうが少なかったですし、育児に専念した後で復職したくても、『専業主婦の時間は空白期間』『スキルが低そう』と見られがちで、再就職は難しいこともありました。ですが、現在では両立する女性が非常に多くなっていますよね。『時間の使い方がうまく、仕事が早い』『細かな気遣いができる』と、ワーキングマザーへの評価も高まっていると感じます」

一方で、「これといった経験もスキルもないが、これからがんばりたい人」も、大いにチャンスはあるといいます。

「人生が長くなった分、ある程度の年になっても仕切り直しができるようになりました。それに、自分ではたいしたことないと思う経験でも、意外と強みになるんですよ」

例えば、対面仕事とリモートワークや、紙ベースとデジタルの両方で仕事をしてきた経験、上の世代とも下の世代とも付き合えるスタンスなども、〝貴重な経験・スキル〟となり得るそう。

「どんな小さなことにもプラス面はあるもの。それをどう活かすか、前向きに考えることが大事ですね。すぐに働き方や仕事を変えることは難しくても、空いた時間を利用して副業やアルバイトなどからはじめ、少しずつ試してみてはいかがでしょうか」

さらに、〝長く働く上での必須スキル〟として西山先生が挙げるのは、細やかさや気遣い。「そろそろこれを補充しておこうかな」「資料はこのまとめ方のほうが見やすいかな」など、相手やチームを思った先回りの行動ができるのも、細やかさがあるからこそ。AIに取って代わられることのないスキルであり、そうした人材は、どんな職においても求められ続けるはずだと断言します。

「宅配便の仕事は、荷物をきちんと届けることが目的。でも、『ここに置いておきますね』と笑顔でひと声かけてくれる配達員さんだと、受け取る側も気持ちいいですよね。それと同じで、一緒の職場で働いている人たちの能力は、実はそれほど大きな差がないと思うんです。こうした機微をとらえた気持ちのいい対応ができるかで、仕事の成果や評価に差が出

てくるのではないでしょうか」

「自分軸での理想」に向けて少しずつシフトチェンジ

働き方のスタンスをつかんだ上で、次に気になるのが「将来の生活」。今から将来設計は立てておいたほうがいいのでしょうか。必要だとすれば、どの程度のものを考えておくべきでしょうか。

「生活設計を立てておくに越したことはないでしょう。ただ、資金まで細かく計算する必要はなく、〝生き方〟に視点を置いた設計を心がけてください」

おすすめの方法は、「〇歳までにこの仕事をする」「〇歳までにこんな家に住む」など、自身の理想や願望を紙に書き出してリストにしてみること。

「50個でも100個でも、たくさん書き出してみましょう。無理かなと気後れする必要はありませんし、漠然とした目標でもいい。たくさんあるほど『ひとつぐらい実現できそう』と思えるものです。まずは、イメージすることが大事。すると、なんとなく情報収集をするようになるなど、行動も伴っていくものです。軽い気持ちで書いたことでも、情報が集まると『意外といけるかも』『この方向性もありだな』など、新たな夢につながることがありますよ」

ワクワクするような将来像が浮かんでこない！という場合は、気力が低下しているせいかもしれません。

「同じ職場や、変化が少ない状況に長く身を置いていると、モチベーションが上がらないばかりか、変化に対する恐怖心が生まれかねません。勉強や習い事など、今はオンラインでできるものも多いので、何かひとつ新しいことをはじめてみるといいでしょう。それが難しければ、いつもと違う道を通ってみたり、新しいスーパーを開拓してみたりなど、普段と少しだけ違う行動をとることからはじめてもいいですね。ある神経内科の先生は、『セレブになったつもりでブログを書くなど、普段と違う人格になりきるといい。違う自分から刺激を受けられるから』とおっしゃっていました。刺激がないと、脳は衰えてしまうそうです」

いつもいる場所と別の世界を作ることは気分転換になるだけではなく、「自分の居場所はひとつだけではない」という安心感も生まれ、精神衛生上の効果も高いそう。また、ひとつ行動を起こすことで、「これを続けるために体力をつけなくちゃ」「続けるためのお金を貯めよう」などのモチベーションにつながるといった波及効果も生まれます。

「働くことは生きることにも直結する、重要な事柄。でも、昨今では受け取る情報が多すぎて、『自分がどう思っているか』をおざなりにしがちです。ＳＮＳを見ない時間を意識的に作るなど、自分と向き合う時間を大切にしながら理想を描いてみましょう。仕事についても、自己実現したいのか、お金をたくさん稼ぎたいのか、仕事内容自体を楽しみたいのかなど、『何を大事にして働きたいか』を再度確認してみてください」

自身と丁寧に対話し、自分が理想とする方向へ少しずつシフトしていく。そうすることで毎日はより充実し、将来の展望もぐっと明るくなるはずです。

PROFILE

ファイナンシャルプランナー・コラムニスト 西山美紀先生

東京都在住。夫とこどもふたりの4人暮らし。出版社で編集・マーケティングを経験後、2005年に独立。ファイナンシャルプランナーの資格を取得し、雑誌やWEBで女性の生き方やお金をテーマに、取材・執筆・記事監修から講演活動まで幅広く活躍中。ただ単に貯蓄額を増やすのではなく、やりたいことを叶えるためのお金の考え方を提案し、貯蓄が持続するコツを教えてくれる著書『お金が貯まる「体質」のつくり方』（すばる舎）が好評発売中。

西山さんの教え

数年後の自分をイメージする

コツ①
住まい、仕事、収入、暮らし……自分自身の「超理想形」を描いてモチベーションアップ

コツ②
体が資本であると心得て常にコンディションを整えておく

コツ③
節約のために好きなことを我慢しない

コレやめた！

将来のために貯金・節約することは大事ですが、自分の好きなことまで我慢するのはNG。趣味や習い事など、自分を高めてくれるもの、毎日の原動力となるものには投資を。

やりたいという気持ちを大事に

5年後どうなっていたいかを想像して、資格の勉強をしたり、セミナーや気になっている人の講座を受けてみたり、具体的に行動に移してみる。やってみたいと思ったときがはじめどき！

ゆっくりでも行動すれば将来は確実に変わる

「こんな家に住みたい」「こんな人になりたい」など、理想の暮らしや将来像をリストにしてみてください。たくさんあるほど、「ひとつぐらいは叶いそう」とポジティブになれます。浮かんでこない場合は、いつもと少しだけ違う行動をとり、脳を活性化させることからはじめましょう。

その上で、5年後ぐらいの自分を見越して「行動」に移してみましょう。何もしなければ何も変わりませんが、ゆっくりでも進みはじめれば、5年後のあなたは今より大きく変わっているはずです。

また、行動することで、「続けるために健康に気をつけよう」「お金をこれだけ貯めなきゃ」など、ほかの面にも波及効果が生まれます。

西山さんの教え

これからの人生への新しい夢を持つ

コツ① 目指せ「遅咲き人生」

コツ② ひとり旅とパッケージ旅行 両極端なことをどっちも試す

コツ③ 「ワントライ&ワンアクション」をノルマにする

コレやめた！

「年齢はただの記号」とよくいわれるように、年齢を気にして動けずにいたら、毎日の生活も将来もつまらないものに。年上の素敵な先輩をお手本に、新しい世界にあえて飛び込んでみて！

世界を広げるのは、あなた次第

本を読んだらそこで満足せず、紹介されていたレストランに実際行ってみるなど、ひとつアクションを起こしてみる。五感を使うことで実体験としての知識となり、より確かな経験値に。運を引き寄せるためにもまずは行動

行動グセをつけて ワクワクする毎日を

『ハリー・ポッター』の作者で知られるJ・K・ローリングなど、年を重ねてから輝き出す人は数知れず。人生に「遅すぎる」ことはないのです。

「やりたいことがわからない」という人は、ひとつのことに対し、両極端なことをふたつ試してみましょう。経験してこそ、興味の対象や向き・不向きが明確にわかります。

「やる気が続かない」という人は、「ワントライ&ワンアクション」をノルマにしてみるといいです。「素敵なお店を見つけたら、実際に入ってみる」など、興味を持ったことに対して、必ずひとつ行動を起こすのです。そこで紐づいた新たな興味に対してもアクションを起こし、行動していくクセをつけましょう。

西山さんの教え

生き方を見つめ直す

コツ①

「住居費は手取りの3割」の定説にとらわれない

コツ②

「お試し転職活動」で自分へのニーズや評価を知る

コツ③

新しく出会う人とはまず「テキストベース」で仲よくなる

コレやめた！

「会うのは気が乗らない……」という相手との付き合いは、思いきって断ってみては？ 時間やお金のムダになるだけでなく、「そんなふうに考える自分はダメだ」と落ち込む原因に。

その都度、自分の気持ちを分析して

時間とお金は、本当に大切にしたい人のために有効活用したいもの。新しい出会いが欲しい場合は、いきなり会うのではなくSNSやLINEなどで人柄を知ってからでも遅くはない

何を大事にしたいか優先順位に沿った行動を

家庭、仕事、人間関係……自分が何を大事にしたいか、優先順位をつけて行動しましょう。

例えば、「住居費は手取りの3割」が定説ですが、家時間を何より大事にしたければ、住居に少しだけお金をかけてほかの費用を削る方法もあり。優先順位の高いものに投資するほうが、高い満足感を得られます。

働き方に迷っている場合は、お試しで転職活動をしてみるのもあり。実際に転職しなくても自分にどれだけのニーズ・価値があるかがわかり、別の環境や今の職場のよさを知るいい機会にもなります。coconalaやストアカなど、スキルシェアサイトを利用して、副業をはじめてみてもいいですね。

西山さんの教え

時間をムダなく使いこなす

コツ①
「ワクワクする予定」を最優先させる

コツ②
TODOリストの活用で達成感アップ!

コツ③
1週間に1時間でも「自分時間」を確保する

コレやめた!

SNSを見すぎると、人と自分を比べてモヤモヤするなどの弊害が。「自分軸」で過ごす時間を大切にするためにも、「休日は見ない」「1日15分まで」などのルール作りを。

短くても自分だけの時間を大切に

体を鍛えるためのトレーニング、気のおけない友達とのおしゃべりなど、リセットできる自分だけの時間は最優先すべき。少し先のスケジュールとして優先的に手帳に書き込んでおいて、逆算しながらほかの予定を立てるのもあり

お金と時間は使い方次第で有意義にもムダにもなる

時間とお金は似ていて、使い方次第で有意義にもムダにもなるもの。忙しくてもあえて予定を入れることで、集中して仕事に取り組めたり、気持ちに張りが出たりとプラスに転じることも多々あります。効率的に時間を使うためにも、やっぱり「TO DOリスト」はおすすめ。終わったらその項目を塗り潰すことで、達成感もモチベーションもアップします。

そして、どんなときでも自分だけの時間を大切に。まとまった時間がとれない場合は、朗読された本やコンテンツをスマホなどで聴けるAudibleやVoicyなどのサービスを利用するのも手です。移動や家事時間に「ながら聴き」して気分転換しましょう。

西山さんの教え

将来に必要なお金を知る

コツ①
銀行口座は「赤・青・黄」の3つで管理

コツ②
月々の貯蓄額は手取りの1割以上
共働きなら2割以上が目安

コツ③
老後資金の準備には
iDeCoがおすすめ

コレやめた！

細かすぎる資金計算をしても、家族・趣味・仕事・体調などによっても将来は左右されるため、思い通りにはいかないもの。「ほどほど」を心がけて。

銀行口座の赤・青・黄

赤

貯蓄専用口座。信号の赤は「止まれ」の意味なので、このお金を使うのはストップ。結婚資金や旅行代、教育費など、少し先の自分が使うために貯めておくお金

青

給与振込口座。信号の青は「進め」なので、このお金は使ってOK。給与がこの「青の口座」に振り込まれたら、貯める分を「赤の口座」に移す

黄

臨時出費用の口座。「貯める」と「使う」の中間のお金。冠婚葬祭や急な帰省のほか、家電やスマホが壊れて買い替えるなど、突然の出費はこの口座から引き出す

iDeCoで老後に向けて投資

銀行に預けているだけでは、利息が付かないこのご時世。資産形成のために、掛け金が全額所得控除になり、節税にもなるiDeCoなどで投資をはじめておくと老後も安心。ただし、引き出せるのは60歳以降。老後の自分に仕送りするようなイメージで

口座分け、1割貯蓄、iDeCoで将来に備える

年金暮らし夫婦のひと月の支出額は、現在「平均27万円」ほど。内訳は、年金で平均22万円、残りの5万円は貯金を崩しているイメージです。金融庁が発表した「老後は2000万円必要」という数字も、この額と平均余命から算出されました。ただ、今後は年金額や労働年数なども変わるため、この金額はあくまで目安です。

とはいえ、自己資産は把握しておきたいもの。その上で、銀行口座は「赤：手を付けないで貯める」「青：使っていい」「黄：冠婚葬祭や修理などへの備え」の3つに分けて管理を。

さらに、毎月手取りの1割以上を貯蓄しながら、老後資金の準備としてiDeCoをはじめておくと安心です。

西山さんの教え

無理なく貯める節約・貯金術

コツ①　貯金グセの奥義は「自動」スタイル

コツ②　節約するなら固定費から削るべし

コツ③　リボ払いは借金と同じ。絶対禁止！

コレやめた！

貯金するために「まず節約」というスタンスだと、節約に疲れて貯金を諦めてしまうことになりかねません。適度に使って、「もっと稼ごう」という前向きな気持ちを持ちましょう。

ライフステージごとに見直し

転職、結婚、妊娠、出産、引っ越しなど人生の大きな転機は、保険を見直すタイミング。人生に必要なお金もガラッと変わるので、医療保険や学資保険などパートナーと相談して保険をしっかり見極めて

保険の種類

個人賠償責任保険

火災保険や自動車保険の付帯で入ることも可能。家族全員がカバーされるので、ひとつ入っておくと安心の保険

学資保険

こどもの教育資金をしっかり準備しておくための保険。貯金とは別に保険に入っておくことで、急な出費があっても手をつけにくくなる

医療保険

健康保険には高額療養費制度があり、万一の手術や入院時も安心。とはいえ不安な人は、独身時代や妊娠前に医療保険に入るのも手。いざ病気をしたら申請を忘れずに

医療保険に入らなくても個人賠償責任保険は必須

「入院や治療費の月の自己負担額は約10万円まで（一般的な収入の場合）」という高額療養費制度はあるものの、個室の差額ベッド費用を賄う目的や、精神的な安心が欲しい人は、月額2000～3000円ほどの掛け捨て保険に入っておくのもいいでしょう。

必ず加入すべきは「個人賠償責任保険」。人にケガをさせたなど、第三者の体・所有物に損害を与えた場合に備えるもので、ひとつ入れば家族全員分のカバーができます。単独の保険でなく、火災保険や自動車保険などのオプションで入るのが一般的で、名称は保険会社によって違うことも。補償額1億円ほどのものでも、月の掛金は100～200円ほどです。

西山さんの教え

マイホームを選ぶ基準を持つ

コツ①

ローン完済のメドが立つならば「買う」のがおすすめ

コツ②

重視すべきは頭金の額よりも「月々の返済額」

コツ③

中古物件には思わぬメリットが

コレやめた!

家は結婚相手と似ています。ひと目ぼれの勢いで決めてしまうと、後々苦労する可能性も……。結婚相手ならばお互いの努力で乗り越えられても、家は努力してくれません。

住宅選びは選択肢の連続

現在の働き方とこれからの働き方など、その人の考え方によってもどんな住宅がいいかは変わってくるので、自分たちの条件をしっかり見極めておくことが大事

マンション		一戸建て
駅に近い便利な場所に多い	**立地**	駅から離れた閑静な場所に多い
オートロック、防犯カメラ、管理人室など万全	**防犯**	家庭向けのホームセキュリティは普及しているが、マンションに比べると不安
上下階や隣には配慮が必要	**防音**	独立しているが、家が近接している場合などは配慮が必要
土地の評価額が少なく、建物評価額が多い →固定資産税が高めに	**土地と建物の評価額の割合**	土地の評価額が多く、建物評価額が少ない →固定資産税が安めに
管理費や修繕積立費がかかる	**ローン完済後**	修繕費はかかるが、マンションほどではない

貯金をしながら返せるローン額で

「家を買うか、借りるか」は永遠のテーマ。老後の家賃などを考えると、ローン完済のメドが立つのであれば「買う」ことをおすすめします。

その際は、頭金の額よりも月々の返済額を重視して考えましょう。マンションの場合は、さらに積み立て修繕費、管理費、駐輪場代や駐車場代なども毎月かかってきます。それらを踏まえて、「貯金しながら、月々余裕をもって支払える価格」を目安にしてください。

また、新築だけにこだわらず、中古物件にも目を向けて。新築よりも価格交渉しやすく大幅に下がる可能性もあり、マンションの場合は住民の様子や雰囲気がわかる、といったメリットもあります。

みんなの新しい暮らしの習慣

COLUMN

01

収納暮らしコンサルタント

宇高有香さん

PROFILE

片づけや収納に悩んでいる方の住まいのキレイな状態を維持し、「家が好き！」と思える空間に変身させます。活動開始7年で約450件の現場を経験。そのほか、新居収納コンサル、企業コラボ、講師などの分野で活動しています。

yuka_udaka

① 数年後はどんな仕事をして、今とどう変わっていたいですか?

できることなら数年後も、今と同じ収納暮らしコンサルタントとして活動を続けていたいと思いますね。そして、仕事内容は今より少し変化して、企業とのコラボレーションなどを通じてこの仕事のことを知らない方にも、「暮らしやすさ」が伝わる商品や家作りが提供できるようにしたいと思っています。

② 将来に不安は?

フリーランスなので、退職金もありませんし有給もありません。やはり老後のお金のことは気になるので、iDeCoを利用しています。また体は資本なので、気をつけて地道にトレーニングなどを重ねています。

③ 自己投資はしていますか?

仕事に関するセミナー受講はもちろん、Web・IT関係にもある程度対応できないといけないので、専門的にサポートを受けるため、セミナーやサービスに投資しています。また、体づくりに関するレッスンも投資として考え、対面やオンラインなど組み合わせて積極的に利用しています。

④ 「仕事」にまつわる新習慣は?

需要が高まったことによる、講座やセミナーのオンラインサービス本格開始です。コロナ禍もあり利用する人のハードルが下がったように思います。日本全国どこでもPCやタブレットがあれば誰でも参加でき、海外の方も参加いただいているので、仕事の幅が広がりました。

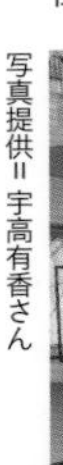

写真提供＝宇高有香さん

＜働き方とお金編＞

02

整理収納アドバイザー
水谷妙子さん

PROFILE
夫と7 歳の娘、5歳と3歳の息子の5人暮らし。無印良品で生活雑貨の商品企画・デザインを13年間務めました。手がけた商品は500点超え。新刊『水谷妙子の取捨選択　できれば家事をしたくない私のモノ選び』（主婦の友社）発売中。
monotokazoku

① 数年後はどんな仕事をして、今とどう変わっていたいですか?

今あるモノと、これから手に入れるモノを整える仕事です。わたし自身、片づけられない時代はモノとうまく付き合えず苦しかったので、これからは苦手な人のはじめの一歩を応援したいです。そして、これから手に入れるモノ選びのコツをお伝えしたり、なければ新たに作ったり。いろいろな形でモノに関わりたいです。

② 将来に不安は?

人間の体と同じで、何か情報を入れたら、自分なりに消化して出す。仕事で忙しくなってしまうと、それが停滞したり、逆にすり減ることがあります。インプット、アウトプットをするには、適度な時間的な余裕が必要なので緩急つけながら1週間の中でうまく調整するようにしています。

③ 自己投資はしていますか?

自分ひとりでなんとかするには限界があるのでその道のプロに頼み、なるべくマンツーマンでサービスを受けたり、教えを請うようにしています。当然、対価は発生しますが、それ以上に得られることが大きいですし、実はいちばんの近道なんです。

④ 「お金」にまつわる新習慣は?

ポイントが貯まる電子マネーやクレジットカードを活用し、お金のキャッシュレス化を一気に進めました。また、生協や宅配食材を使い、Webで1週間分を一気に注文。1週間分の食費の把握がしやすくなりました。

写真提供＝水谷妙子さん

本書内容に関するお問い合わせについて

このたびは翔泳社の書籍をお買い上げいただき、誠にありがとうございます。弊社では、読者の皆様からのお問い合わせに適切に対応させていただくため、以下のガイドラインへのご協力をお願い致しております。下記項目をお読みいただき、手順に従ってお問い合わせください。

ご質問される前に

弊社Ｗｅｂサイトの「正誤表」をご参照ください。これまでに判明した正誤や追加情報を掲載しています。

正誤表　https://www.shoeisha.co.jp/book/errata/

ご質問方法

弊社Ｗｅｂサイトの「刊行物Ｑ＆Ａ」をご利用ください。

刊行物Ｑ＆Ａ　https://www.shoeisha.co.jp/book/qa/

インターネットをご利用でない場合は、ＦＡＸまたは郵便にて、下記“翔泳社 愛読者サービスセンター”までお問い合わせください。

電話でのご質問は、お受けしておりません。

回答について

回答は、ご質問いただいた手段によってご返事申し上げます。ご質問の内容によっては、回答に数日ないしはそれ以上の期間を要する場合があります。

ご質問に際してのご注意

本書の対象を越えるもの、記述個所を特定されないもの、また読者固有の環境に起因するご質問等にはお答えできませんので、予めご了承ください。

郵便物送付先およびＦＡＸ番号

送付先住所　〒１６０-０００６ 東京都新宿区舟町５
ＦＡＸ番号　０３-５３６２-３８１８
宛先　（株）翔泳社 愛読者サービスセンター

※本書に記載されたＵＲＬ等は予告なく変更される場合があります。
※本書の出版にあたっては正確な記述につとめましたが、著者や出版社などのいずれも、本書の内容に対してなんらかの保証をするものではなく、内容やサンプルに基づくいかなる運用結果に関してもいっさいの責任を負いません。
※本書に記載されている会社名、製品名はそれぞれ各社の商標および登録商標です。

編著
竹村真奈
1976年、高知生まれ。編集プロダクション・タイムマシンラボ代表。残すべきカルチャーやこれからの暮らしの考え方などを本に閉じ込める仕事や企画・プロデュースを中心に活動中。近著『'80sガールズファッションブック』(グラフィック社)、『整理収納を仕事にする片づけのプロ10人に聞く、暮らしと人生の整え方』(翔泳社)、ほか多数。
http://www.timemachinelabo.com/

装丁・本文デザイン	佐藤ジョウタ＋香川サラサ(iroiroinc.)
装丁・本文イラスト	いとうひでみ
編集	竹村真奈(タイムマシンラボ)
編集アシスタント	村上由恵(タイムマシンラボ)
取材・文	粟野亜美　p.032-055、060-077、082-101
	細井秀美　p.010-027、106-123、150-171
	片貝久美子　p.128-145
撮影	中川有紀子　p.034-055、062-076、084-101
	笹原清明(L MANAGEMENT)　p.130-145

あたらしい暮らしを作る。

部屋づくり、働き方、時間術、お金、心と身体。わたしらしい、これからの生活習慣

2020年12月17日 初版第1刷発行

編著者	竹村真奈(たけむら・まな)
発行人	佐々木 幹夫
発行所	株式会社 翔泳社(https://www.shoeisha.co.jp)
印刷・製本	日経印刷株式会社

ISBN　978-4-7981-6836-4
Printed in Japan